领导干部应知应会党内法规和国家

总主编 付子堂 林 维

宪法重点条文
—— 理解与适用 ——

主　编　温泽彬
副主编　何永红　胡　荣
编写组　陈东波　邓渝凡　黄陈森　王誉熹
　　　　王强强　谢秋玲　杨　洋　张旭钱

中国人民大学出版社
·北京·

领导干部应知应会党内法规和国家法律丛书
编 委 会

总主编 付子堂　林　维

编委会成员（以姓氏笔画为序）

　　　　王怀勇　邓　斌　石经海　张　震
　　　　周尚君　郑志峰　喻少如　温泽彬
　　　　谭宗泽

总　序

两千多年前，亚圣孟子就曾提出"徒善不足以为政，徒法不能以自行"[①]。在全面落实依法治国基本方略、加快推进法治中国建设进程中，领导干部肩负着重要责任，是社会主义法治建设的重要组织者、推动者、实践者，是全面依法治国的关键，在很大程度上决定着全面依法治国的方向、道路、进度。习近平总书记强调："各级领导干部要坚决贯彻落实党中央关于全面依法治国的重大决策部署，带头尊崇法治、敬畏法律，了解法律、掌握法律，不断提高运用法治思维和法治方式深化改革、推动发展、化解矛盾、维护稳定、应对风险的能力，做尊法学法守法用法的模范。"[②] 2023年，中共中央办公厅、国务院办公厅印发了《关于建立领导干部应知应会党内法规和国家法律清单制度的意见》，并发出通知，要求各地区各部门结合实际认真贯彻落实。领导干部应知应会党内法规和国家法律清单制度对于推动领导干部带头尊规学规守规用规、带头尊法学法守法用法具有重要作用。

为更好地学习贯彻习近平法治思想，增强领导干部的法治观念，提升领导干部的法治思维能力，抓住领导干部这个"关键少数"，西南政法大学组织编写了这套"领导干部应知应会党内法规和国家法律丛书"，旨在依托西南政法大学优秀的法学师资队伍汇编、解读相关法律法规，引导领导干部把

---

① 孟子·离娄上.
② 习近平谈治国理政：第4卷.北京：外文出版社，2022：298.

握应知应会法律法规的核心要义以及依法行政的工作要求，深刻理解习近平法治思想的丰富内涵，带头做习近平法治思想的坚定信仰者、积极传播者、模范实践者。

本套丛书精准把握文件要求，在编写过程中坚持抓住关键、突出重点，充分考虑领导干部的实际工作需要和学习效果，精选与领导干部履职密切相关的重点条文进行讲解、导学，致力于提升领导干部学习的精准性、科学性、实效性，进而推动领导干部学法用法常态化、规范化，增强领导干部学法用法的示范效应。为提升学习效果，本套丛书中的每本在各章正文前设"导学"版块，重点介绍该章涉及的相关法律法规的立法背景、主要意义，概述相应法律法规与领导干部履职的关系，提示领导干部应关注的重点内容。正文部分采取"条文解读+案例引入"的形式，通过专家解读和真实案例介绍的方式，增强内容的可读性和专业性。

西南政法大学是新中国最早建立的高等政法学府，办学七十余年来，为国家培养了各级各类人才达三十余万，是全国培养法治人才最多的高校，同时也是法学专业招生规模最大的高校，在法学教育、法治人才培养等方面有着丰富的经验和深厚的积淀。西南政法大学以"政"字挂帅，用党的创新理论凝心铸魂；以"法"字当头，抓好习近平法治思想研究阐释、教育引导和宣传宣讲，创新构建中国自主的法学学科体系、学术体系、话语体系；同时继续发挥特色优势，争创一流水平，更好服务国家重大战略，努力为经济社会高质量发展提供人才支撑、法治保障和智力支持。本套丛书由西南政法大学十余位资深专家学者领衔主编，融汇西南政法大学七十余年的法学教学、科研积淀于一体。期待本套丛书能够对领导干部带头尊规学规守规用规、带头尊法学法守法用法发挥积极作用，期待本套丛书能够为推动全面依法治国提供助力和保障。

是为序。

付子堂　林　维
2024 年 6 月

目 录

第一编　宪法的基本原理 ……………………………………… 001

1. 宪法是国家的根本法，具有最高的法律效力 ……………… 003
2. 马克思列宁主义、毛泽东思想、邓小平理论、"三个代表"重要思想、科学发展观、习近平新时代中国特色社会主义思想是我国宪法的指导思想 …………………………………………………………… 005
3. 坚持中国共产党领导、人民当家作主、社会主义法治、尊重和保障人权、权力监督与制约是我国宪法的基本原则 ……… 008
4. "社会主义核心价值观"载入宪法，与宪法价值相融合 …… 012
5. 我国宪法明确了党和国家的奋斗目标 ……………………… 014
6. 宪法宣誓制度的确立是政治文明和法治进步的重要标志 … 018
7. 宪法肯定中国民主主义革命史和社会主义改革史的价值 … 020
8. 保证宪法实施，树立宪法权威 ……………………………… 024
9. 坚持有件必备，加强备案审查工作 ………………………… 027
10. 坚持有备必审，完善审查方式和机制，明确审查重点内容 … 030
11. 坚持有错必纠，增强备案审查制度刚性 …………………… 033

第二编　国家制度 ……………………………………… 037

1. 全过程人民民主是社会主义民主的本质属性 …………… 039
2. 爱国统一战线是党的总路线总政策的重要组成部分 …… 041
3. 中国共产党领导的多党合作和政治协商制度是我国的基本政治制度 …………………………………………………… 042
4. 社会主义市场经济体制是我国的基本经济制度 ………… 044
5. 坚持按劳分配为主体、多种分配方式并存是我国现阶段的分配制度 ………………………………………………… 046
6. 人民代表大会制度是我国的根本政治制度，是中国人民当家作主的根本途径和最高实现形式 ………………………… 047
7. 我国的选举制度具有普遍性、平等性 …………………… 049
8. 我国实行单一制的国家结构形式 ………………………… 051
9. 民族区域自治制度 ………………………………………… 052
10. 我国在必要时设立特别行政区，坚持"一国两制"的基本原则 … 054
11. 基层群众自治制度是中国特色社会主义政治制度体系的重要组成部分，是人民当家作主的一项基本政治制度 ……… 055
12. 中华人民共和国国旗 …………………………………… 056
13. 中华人民共和国国歌 …………………………………… 057
14. 中华人民共和国国徽 …………………………………… 059
15. 中华人民共和国首都 …………………………………… 060

第三编　公民的基本权利和义务 ……………………… 063

1. 平等权是公民行使其他权利的基础 ……………………… 065
2. 选举权与被选举权是公民政治权利的主要体现 ………… 067
3. 中华人民共和国公民有言论、出版的自由 ……………… 069
4. 中华人民共和国公民有集会、结社、游行、示威的自由 … 070

5. 中华人民共和国公民有宗教信仰的自由 …………………… 072
6. 中华人民共和国公民的人身自由不受侵犯 ………………… 074
7. 中华人民共和国公民的人格尊严不受侵犯 ………………… 076
8. 中华人民共和国公民的住宅不受侵犯 ……………………… 078
9. 中华人民共和国公民的通信自由与通信秘密受宪法保护 …… 079
10. 中华人民共和国公民的合法的私有财产不受侵犯 ………… 081
11. 中华人民共和国公民有劳动的权利和义务 ………………… 084
12. 中华人民共和国劳动者有休息的权利 ……………………… 086
13. 中华人民共和国公民享有社会保障的权利 ………………… 087
14. 中华人民共和国公民在年老、疾病或者丧失劳动能力的情况下，有获得物质帮助的权利 ……………………………… 089
15. 中华人民共和国公民有受教育的权利和义务 ……………… 091
16. 妇女的合法权益受到宪法保护 ……………………………… 093
17. 中华人民共和国公民有监督国家机关和国家工作人员的权利 … 095
18. 中华人民共和国公民有维护国家统一和民族团结的义务 … 098
19. 中华人民共和国公民有维护祖国的安全、荣誉和利益的义务 … 099
20. 中华人民共和国公民有保卫国家和服兵役的义务 ………… 101
21. 中华人民共和国公民有纳税的义务 ………………………… 102

第四编 国家机构 …………………………………………… 105

1. 全国人民代表大会的性质和地位 …………………………… 107
2. 全国人民代表大会的组成、选举和任期 …………………… 110
3. 全国人民代表大会的职权 …………………………………… 112
4. 全国人民代表大会常务委员会的组成、选举和任期 ……… 117
5. 全国人民代表大会常务委员会的职权 ……………………… 118
6. 全国人民代表大会代表的权利 ……………………………… 124
7. 全国人民代表大会代表的义务 ……………………………… 130

8. 中华人民共和国主席、副主席的选举和任期 ⋯⋯⋯⋯⋯⋯⋯⋯ 133
9. 中华人民共和国主席的职权 ⋯⋯⋯⋯⋯⋯⋯⋯⋯⋯⋯⋯⋯⋯ 134
10. 国务院的性质、地位、组成和领导体制 ⋯⋯⋯⋯⋯⋯⋯⋯⋯ 136
11. 国务院的主要职权 ⋯⋯⋯⋯⋯⋯⋯⋯⋯⋯⋯⋯⋯⋯⋯⋯⋯ 138
12. 地方各级人民代表大会的性质和地位 ⋯⋯⋯⋯⋯⋯⋯⋯⋯⋯ 142
13. 地方各级人民代表大会的职权 ⋯⋯⋯⋯⋯⋯⋯⋯⋯⋯⋯⋯ 144
14. 县级以上地方各级人大常委会的性质和地位 ⋯⋯⋯⋯⋯⋯⋯ 147
15. 县级以上地方各级人大常委会的职权 ⋯⋯⋯⋯⋯⋯⋯⋯⋯⋯ 148
16. 地方各级人大代表的选举、监督及罢免 ⋯⋯⋯⋯⋯⋯⋯⋯⋯ 151
17. 地方各级人民政府的性质、领导体制和任期 ⋯⋯⋯⋯⋯⋯⋯ 153
18. 地方各级人民政府的职权 ⋯⋯⋯⋯⋯⋯⋯⋯⋯⋯⋯⋯⋯⋯ 154
19. 居民委员会和村民委员会是基层群众性自治组织 ⋯⋯⋯⋯⋯ 157
20. 自治区、自治州、自治县的人民代表大会和人民政府是民族自治地方的自治机关 ⋯⋯⋯⋯⋯⋯⋯⋯⋯⋯⋯⋯⋯⋯⋯⋯⋯ 159
21. 民族自治地方的自治权 ⋯⋯⋯⋯⋯⋯⋯⋯⋯⋯⋯⋯⋯⋯⋯ 161
22. 监察委员会的性质、组成与任期 ⋯⋯⋯⋯⋯⋯⋯⋯⋯⋯⋯⋯ 163
23. 各级监察委员会之间的关系 ⋯⋯⋯⋯⋯⋯⋯⋯⋯⋯⋯⋯⋯ 165
24. 监察委员会的领导体制 ⋯⋯⋯⋯⋯⋯⋯⋯⋯⋯⋯⋯⋯⋯⋯ 167
25. 监察委员会独立行使监察权 ⋯⋯⋯⋯⋯⋯⋯⋯⋯⋯⋯⋯⋯ 169
26. 人民法院的性质 ⋯⋯⋯⋯⋯⋯⋯⋯⋯⋯⋯⋯⋯⋯⋯⋯⋯⋯ 171
27. 人民法院的设置、任期和组织体系 ⋯⋯⋯⋯⋯⋯⋯⋯⋯⋯⋯ 172
28. 人民法院独立行使审判权 ⋯⋯⋯⋯⋯⋯⋯⋯⋯⋯⋯⋯⋯⋯ 173
29. 人民检察院的性质 ⋯⋯⋯⋯⋯⋯⋯⋯⋯⋯⋯⋯⋯⋯⋯⋯⋯ 174
30. 人民检察院的设置、任期和组织体系 ⋯⋯⋯⋯⋯⋯⋯⋯⋯⋯ 175
31. 人民检察院独立行使检察权 ⋯⋯⋯⋯⋯⋯⋯⋯⋯⋯⋯⋯⋯ 176
32. 司法机关之间的分工与制约 ⋯⋯⋯⋯⋯⋯⋯⋯⋯⋯⋯⋯⋯ 177

第一编 宪法的基本原理

1. 宪法是国家的根本法，具有最高的法律效力

▍重点法条 ▍

《宪法》序言第十三段　本宪法以法律的形式确认了中国各族人民奋斗的成果，规定了国家的根本制度和根本任务，是国家的根本法，具有最高的法律效力。全国各族人民、一切国家机关和武装力量、各政党和各社会团体、各企业事业组织，都必须以宪法为根本的活动准则，并且负有维护宪法尊严、保证宪法实施的职责。

《宪法》第五条　……一切法律、行政法规和地方性法规都不得同宪法相抵触。

一切国家机关和武装力量、各政党和各社会团体、各企业事业组织都必须遵守宪法和法律。一切违反宪法和法律的行为，必须予以追究。

任何组织或者个人都不得有超越宪法和法律的特权。

▍条文解读 ▍

宪法成为国家根本法的原因在于，其规定了国家的根本任务、根本制度及基本制度，规定了国家生活中的重大问题。首先，国家的根本任务决定了国家的根本制度，而根本制度决定着其他基本制度，基本制度又决定着其他制度。国家的任何其他制度都是由作为根本制度的中国特色社会主义制度派生的，其他法律都是以宪法为基础和根据制定的。在这一意义上说，宪法是"母法"，其他法律是"子法"。其次，宪法规定了一个国家最根本的问题，宪法的内容涉及国家的政治、经济、文化社会、对外交往等各方面的重大原则性问题和根本性问题。例如，我国宪法规定了国家的指导思想、根本制度、根本任务、国家性质、中国共产党的领导、国家政权组织形式、国家结构形式、基本经济制度、基本文化制度、外交政策和处理国际关系的基本

原则、公民的基本权利和义务、中央和地方国家机构的设置以及各国家机关之间的相互关系等。这些内容是我国国家生活和社会生活中最根本、最重要的问题，是治国理政的总依据。而普通法律规定的内容只涉及国家生活或者社会生活中某一方面的问题。

《宪法》第五条关于宪法最高法律效力的规定，其全面性、明确性在世界各国宪法中是非常少见的。这一规定涵盖了我国国家和社会所有的主体，包括所有的国家机关、武装力量、各政党、各社会团体、各企业事业组织和个人。所有的主体都必须遵守宪法。此外，宪法是我国的根本大法，具有最高法律效力。与普通法律相比，宪法的最高法律效力主要表现在：第一，宪法是普通法律制定的基础和依据。宪法确定了国家生活和社会生活中的根本制度、基本制度和基本原则，从宏观上和总体上确定规范、限制和保障国家权力运行的规则，规定公民的基本权利和义务。立法机关通过立法将宪法的规定具体化，使之成为国家生活和社会生活的具体法律规范。因此，立法机关在立法时，必须以宪法的规定为依据，以宪法的规定为基础。无论普通法律是否明确规定其是依据宪法而制定的，均不改变它们都是依据宪法的规定而制定的事实。第二，与宪法相抵触的普通法律无效。立法机关制定的任何法律文件都具有法律效力，但其前提必须是与宪法不相抵触，这是保证整个国家具有统一宪法秩序的需要，也是从根本上保障人权的需要。如果法律文件与宪法相抵触，则或者全部无效，或者相抵触的部分无效。我国建立了由作为最高国家权力机关的全国人大及其常委会行使合宪性审查权的制度，以保证法律文件与宪法的一致性，维护宪法的权威和尊严。

▎习近平法治思想指引▎

我国宪法是治国理政的总章程，必须体现党和人民事业的历史进步，必须随着党领导人民建设中国特色社会主义实践的发展而不断完善发展。我国宪法实现了党的主张和人民意志的高度统一，具有显著优势、坚实基础、强大生命力。宪法是国家根本法，是国家各种制度和法律法规的总依据。

——2018年2月24日，习近平在十九届中共中央政治局第四次集体学习时的讲话

2. 马克思列宁主义、毛泽东思想、邓小平理论、"三个代表"重要思想、科学发展观、习近平新时代中国特色社会主义思想是我国宪法的指导思想

▍重点法条 ▍

> 《宪法》序言第七段　中国新民主主义革命的胜利和社会主义事业的成就，是中国共产党领导中国各族人民，在马克思列宁主义、毛泽东思想的指引下，坚持真理，修正错误，战胜许多艰难险阻而取得的。我国将长期处于社会主义初级阶段。国家的根本任务是，沿着中国特色社会主义道路，集中力量进行社会主义现代化建设。中国各族人民将继续在中国共产党领导下，在马克思列宁主义、毛泽东思想、邓小平理论、"三个代表"重要思想、科学发展观、习近平新时代中国特色社会主义思想指引下，坚持人民民主专政，坚持社会主义道路，坚持改革开放，不断完善社会主义的各项制度……

▍条文解读 ▍

《宪法》序言第七段明确规定了马克思列宁主义、毛泽东思想、邓小平理论、"三个代表"重要思想、科学发展观和习近平新时代中国特色社会主义思想在国家和社会生活中的指导地位。这一根本规定，是近代以来我国历史发展的必然结果，是总结中国革命、建设、改革和开创新时代长期历史经验的必然结果。

近代以来，为拯救民族危亡，许多仁人志士尝试过各种思想武器，但都不能解决中国的问题。十月革命一声炮响，给我们送来了马克思列宁主义。马克思列宁主义作为人类社会发展与解放的科学理论和思想体系，作为无产阶级及其政党的科学世界观和根本方法论，是我们认识世界、改造世界的强大思想武器。以毛泽东同志为主要代表的中国共产党人，把马克思列宁主义的基本原理同中国革命的具体实践结合起来，创立了毛泽东思想。毛泽东思想是马克思列宁主义在中国的运用和发展，是被实践证明了的关于中国革命和建设的正确的理论原则和经验总结，是中国共产党集体智慧的结晶。

党的十一届三中全会以来，以邓小平同志为主要代表的中国共产党人，

总结新中国成立以来正反两方面的经验，解放思想，实事求是，实现全党工作中心向经济建设的转移，实行改革开放，开辟了社会主义事业发展的新时期，逐步形成了建设中国特色社会主义的路线、方针、政策，阐明了在中国建设社会主义、巩固和发展社会主义的基本问题，创立了邓小平理论。邓小平理论是马克思列宁主义的基本原理同当代中国实践和时代特征相结合的产物，是毛泽东思想在新的历史条件下的继承和发展，是马克思主义在中国发展的新阶段，是当代中国的马克思主义，是中国共产党集体智慧的结晶，引导着我国社会主义现代化事业不断前进。

党的十三届四中全会以来，以江泽民同志为主要代表的中国共产党人，在建设中国特色社会主义的实践中，加深了对什么是社会主义、怎样建设社会主义和建设什么样的党、怎样建设党的认识，积累了治党治国新的宝贵经验，形成了"三个代表"重要思想。"三个代表"重要思想是对马克思列宁主义、毛泽东思想、邓小平理论的继承和发展，反映了当代世界和中国的发展变化对党和国家工作的新要求，是加强和改进党的建设、推进我国社会主义自我完善和发展的强大理论武器，是中国共产党集体智慧的结晶，是党必须长期坚持的指导思想。始终做到"三个代表"，是我们党的立党之本、执政之基、力量之源。

党的十六大以来，以胡锦涛同志为主要代表的中国共产党人，坚持以邓小平理论和"三个代表"重要思想为指导，根据新的发展要求，深刻认识和回答了新形势下实现什么样的发展、怎样发展等重大问题，形成了以人为本、全面协调可持续发展的科学发展观。科学发展观是同马克思列宁主义、毛泽东思想、邓小平理论、"三个代表"重要思想既一脉相承又与时俱进的科学理论，是马克思主义关于发展的世界观和方法论的集中体现，是马克思主义中国化重大成果，是中国共产党集体智慧的结晶，是发展中国特色社会主义必须长期坚持的指导思想。

党的十八大以来，以习近平同志为主要代表的中国共产党人，顺应时代发展，从理论和实践结合上系统回答了新时代坚持和发展什么样的中国特色社会主义、怎样坚持和发展中国特色社会主义这个重大时代课题，创立了习近平新时代中国特色社会主义思想。在习近平新时代中国特色社会主义思想指导下，中国共产党领导全国各族人民，统揽伟大斗争、伟大工程、伟大事业、伟大梦想，推动中国特色社会主义进入了新时代。习近平新时代中国特色社会主义思想是中国特色社会主义进入新时代的最新理论成果，是开启新征程的指导思想和行动指南。把习近平新时代中国特色社会主义思想载入宪法，进一步明确新时代国家发展的根本任务、奋斗目标、战略步骤，有利于更好地团结激励全党全国各族人民为实现中华民族伟大复兴的中国梦而奋斗；进一步明确坚持党对一切工作的领导这一最高政治原则，有利于巩固党的执政地位和执政基础，为国家发展和民族振兴提供坚强的政治保证。

习近平法治思想指引

实践证明，马克思主义的命运早已同中国共产党的命运、中国人民的命运、中华民族的命运紧紧连在一起，它的科学性和真理性在中国得到了充分检验，它的人民性和实践性在中国得到了充分贯彻，它的开放性和时代性在中国得到了充分彰显！

——2018年5月4日，习近平在纪念马克思诞辰200周年大会上的讲话

毛泽东思想是马克思列宁主义在中国的创造性运用和发展，是被实践证明了的关于中国革命和建设的正确的理论原则和经验总结，实现了马克思主义中国化的第一次历史性飞跃。

——2023年12月26日，习近平在纪念毛泽东同志诞辰130周年座谈会上的讲话

邓小平同志留给我们的最重要的思想和政治遗产，就是他带领党和人民开创的中国特色社会主义，就是他创立的邓小平理论。

——2014年8月20日，习近平在纪念邓小平同志诞辰110周年座谈会上的讲话

十年来，我们坚持马克思列宁主义、毛泽东思想、邓小平理论、"三个代表"重要思想、科学发展观，全面贯彻新时代中国特色社会主义思想，全面贯彻党的基本路线、基本方略，采取一系列战略性举措，推进一系列变革性实践，实现一系列突破性进展，取得一系列标志性成果，经受住了来自政治、经济、意识形态、自然界等方面的风险挑战考验，党和国家事业取得历史性成就、发生历史性变革，推动我国迈上全面建设社会主义现代化国家新征程。

——2022年10月16日，习近平在中国共产党第二十次全国代表大会上的报告

3. 坚持中国共产党领导、人民当家作主、社会主义法治、尊重和保障人权、权力监督与制约是我国宪法的基本原则

▓ 重点法条 ▓

《宪法》第一条第二款 ……中国共产党领导是中国特色社会主义最本质的特征。

《宪法》第二条第一款 中华人民共和国的一切权力属于人民。

《宪法》第五条第一款 中华人民共和国实行依法治国，建设社会主义法治国家。

《宪法》第三十三条第三款 国家尊重和保障人权。

《宪法》第四十一条第一款 中华人民共和国公民对于任何国家机关和国家工作人员，有提出批评和建议的权利；对于任何国家机关和国家工作人员的违法失职行为，有向有关国家机关提出申诉、控告或者检举的权利。

《宪法》第六十七条（六） 监督国务院、中央军事委员会、国家监察委员会、最高人民法院和最高人民检察院的工作。

《宪法》第七十三条 全国人民代表大会代表在全国人民代表大会开会期间，全国人民代表大会常务委员会组成人员在常务委员会开会期间，有权依照法律规定的程序提出对国务院或者国务院各部、各委员会的质询案。受质询的机关必须负责答复。

《宪法》第九十二条 国务院对全国人民代表大会负责并报告工作；在全国人民代表大会闭会期间，对全国人民代表大会常务委员会负责并报告工作。

《宪法》第一百二十七条第一款 监察委员会依照法律规定独立行使监察权，不受行政机关、社会团体和个人的干涉。

▓ 条文解读 ▓

我国《宪法》的基本原则，反映了我国社会主义初级阶段的基本国情，体现了新中国成立以来中华民族从站起来、富起来到强起来的历史跨越，总结了我国宪法理论创新和实践发展的基本经验，是我国制定、修改和实施宪

法的基本准则。我国现行《宪法》的基本原则包括以下内容:

第一,坚持中国共产党的领导。中国共产党是中国工人阶级的先锋队,同时是中国人民和中华民族的先锋队,是中国特色社会主义事业的领导核心,代表中国先进生产力的发展要求,代表中国先进文化的前进方向,代表中国最广大人民的根本利益。坚持中国共产党领导,是我国宪法最鲜明的政治特征,是中国特色社会主义的最本质特征。我国现行《宪法》从历史、现实和未来三个维度确立了中国共产党是我们一切事业领导核心的宪法地位。

第二,人民当家作主。现行《宪法》第二条第一款规定:"中华人民共和国的一切权力属于人民。"这一规定既是我国国家制度的核心内容和根本准则,也是人民当家作主原则的根本依据。人民当家作主原则主要通过宪法规定得以实现,具体内容包括:(1)确认人民民主专政的国家性质,保障一切权力属于人民;(2)规定社会主义政治制度,保障广大人民通过全国人民代表大会和地方各级人民代表大会实现对国家权力的行使;(3)规定社会主义经济制度,奠定人民当家作主原则的社会主义经济基础;(4)规定中华人民共和国的武装力量属于人民,捍卫国家主权,防范打击国内外敌对势力的颠覆分裂活动,保障人民当家作主原则的实现;(5)根据宪法和法律的规定,人民通过各种民主途径和形式,如民族区域自治、基层群众自治和职工代表大会等,管理国家事务,管理经济和文化事业,管理社会事务,保障各民族一律平等,将人民当家作主原则贯彻于国家与社会生活的各个领域、各个方面;(6)规定广泛的公民基本权利及其保障措施,切实尊重和保障人权,保障人民当家作主原则得以实现。

第三,社会主义法治。1999年通过的《宪法修正案》把"中华人民共和国实行依法治国,建设社会主义法治国家"载入《宪法》总纲第五条,使之成为一项宪法基本原则。坚持社会主义法治,推进全面依法治国,是坚持和发展中国特色社会主义的本质要求和重要保障,是党领导人民治理国家的一项基本方略,是我国宪法制度体系的重要原则。我国宪法确立了社会主义法治的基本原则,明确规定中华人民共和国实行依法治国,建设社会主义法治国家;规定不同国家机构的职权范围,保证国家的立法、行政、监察和司法等公权力在宪法框架下和法治轨道上有序运行。《宪法》序言明确规定,宪法是国家的根本法,具有最高的法律效力。全国各族人民、一切国家机关和武装力量、各政党和各社会团体、各企业事业组织，都必须以宪法为根本的活动准则，并且负有维护宪法尊严、保证宪法实施的职责。国家维护社会主义法制的统一和尊严。一切法律、行政法规和地方性法规都不得同宪法相抵触。一切国家机关和武装力量、各政党和各社会团体、各企业事业组织都必须遵守宪法和法律。一切违反宪法和法律的行为，必须予以追究。任何组织或者个人都不得有超越宪法和法律的特权。党的十八届四中全会提出，全面推进依法治国，总目标是建设中国特色社会主义法治体系，建设社会主义法治国家。法律是治国之重器，良法是善治之前提。建设中国特色社会主义法治体系，必须坚持立法先行，发挥立法的引领和推动作用，抓住提高立法质量这个关键。要恪守以民为本、立法为民理念，贯彻社会主义核心价值观，使每一项立法都符合宪法精神、反映人民意志、得到人民拥护。坚持依法治国首先要坚持依宪治国，坚持依法执政首先要坚持依宪执政。健全宪法实施和监督制度，完善全国人大及其常委会宪法监督制度，健全宪法解释程序机制是保障宪法有效实施的基本方法，也是建设中国特色社会主义法治体系的必由之路。

第四，尊重和保障人权。我国宪法确立的尊重和保障人权原则，集中体现了中国特色社会主义人权观，与西方国家的人权观有重大区别。从宪法的规定和实施来看，这一原则的特点主要表现在：（1）宪法明确规定国家尊重和保障人权，并根据国情和社会发展状况具体列举了公民的基本权利和义务，体现了人权的普遍性和与中国具体国情相结合，使国家尊重和保障人权的宪法原则具有真实性。（2）宪法规定了公民广泛的基本权利，不仅包括狭义的公民权利和政治权利，还包括公民的经济、社会和文化权利；不仅包括个人人权，还包括集体人权，充分体现了我国宪法规定的尊重和保障人权的广泛性。（3）从宪法规定的权利内容和保障措施看，尊重和保障人权的宪法原则突出了生存权和发展权的重要性，体现了我国人权观以生存权和发展权为首要人权的立场。我们一贯主张，人权实现的根本途径是经济发展和社会进步。对于发展中国家，生存权、发展权是最基本、最重要的人权。我国有14亿多人口，保护和促进人权，必须从生存权和发展权入手，否则其他一切权利都无从谈起。（4）宪法不仅规定公民的基本权利，而且规定公民的基本义务，体现了人权是权利与义务相统一的基本观念。（5）尊重和保障人权的宪法原则注重人权在社会主义中国实现的基本条件，强调稳定是实现人权的前提，发展是实现人权的关键，法治是实现人权的保障。此外，尊重和保障人权的宪法原则，必须强调人权是一个国家主权范围内的问题，反对借人权问题干涉一个国家的内政，也反对把人权作为实现对别国的某种政治企图的工具；强调国家尊重和保障人权的义务和责任，这体现了国家主权在实现和保护人权方面的重要作用；强调国际社会应在平等和相互尊重的基础上进行合作，共同推进世界人权事业。

第五，权力监督与制约。根据我国宪法的相关规定，权力监督与制约原则主要体现在以下三个方面：第一，人民对国家权力的监督。其理论依据在于一切权力属于人民。第二，公民对国家机关和国家工作人员的监督。现行《宪法》第四十一条规定，公民"对于任何国家机关和国家工作人员，有提出批评和建议的权利；对于任何国家机关和国家工作人员的违法失职行为，有向有关国家机关提出申诉、控告或者检举的权利"。第三，国家机关之间的监督。由于国家机构的性质和层级不同，国家机关之间的监督主要表现为不同的监督关系：一是不同工作性质和职能的国家机关之间的监督关系，即人民代表大会在国家机构中处于核心地位，国家行政机关、监察机关、审判机关、检察机关都由人民代表大会产生，对它负责，受它监督。二是同一性质不同层级国家机关之间的监督关系。如《宪法》第一百零八条规定，县级以上的地方各级人民政府有权改变或者撤销所属各工作部门和下级人民政府的不适当的决定；第一百三十二条规定，上级人民法院监督下级人民法院的审判工作；第一百三十七条规定，上级人民检察院领导下级人民检察院的工作。三是处理某一类型事务时国家机关之间的监督关系。如现行《宪法》第一百四十条规定，人民法院、人民检察院和公安机关办理刑事案件，应当分工负责，互相配合，互相制约，以保证准确有效地执行法律；第一百二十七条规定，监察委员会依照法律规定独立行使监察权，不受行政机关、社会团体和个人的干涉。监察机关办理职务违法和职务犯罪案件，应当与审判机关、检察机关、执法部门互相配合，互相制约。

‖ 习近平法治思想指引 ‖

中国特色社会主义最本质的特征是中国共产党领导，中国特色社会主义制度的最大优势是中国共产党领导。坚持和完善党的领导，是党和国家的根本所在、命脉所在，是全国各族人民的利益所在、幸福所在。

——2016年7月1日，习近平在庆祝中国共产党成立九十五周年大会上的讲话

民主集中制是我国国家组织形式和活动方式的基本原则，是我国国家制度的突出特点。在党的领导下，各国家机关是一个统一整体，既合理分工，又密切协作，既充分发扬民主，又有效进行集中，克服了议而不决、决而不行、行而不实等不良现象，避免了相互掣肘、效率低下的弊端。

——2019年9月24日，习近平在中央政治局第十七次集体学习时的讲话

中国共产党根基在人民、血脉在人民。坚持以人民为中心的发展思想……无论面临多大挑战和压力，无论付出多大牺牲和代价，这一点都始终不渝、毫不动摇……人民至上、生命至上，保护人民生命安全和身体健康可以不惜一切代价！

——2020年5月22日，习近平在参加十三届全国人大三次会议内蒙古代表团审议时的讲话

坚持以人民为中心，坚持国家一切权力属于人民，支持和保证人民通过人民代表大会行使国家权力，健全民主制度，丰富民主形式，拓宽民主渠道，保证人民平等参与、平等发展权利，发展更加广泛、更加充分、更加健全的全过程人民民主。

——2021年10月13日，习近平在中央人大工作会议上的讲话

深化国家监察体制改革的初心，就是要把增强对公权力和公职人员的监督全覆盖、有效性作为着力点，推进公权力运行法治化，消除权力监督的真空地带，压缩权力行使的任性空间，建立完善的监督管理机制、有效的权力制约机制、严肃的责任追究机制。

——2018年12月13日，习近平在主持中共中央政治局第十一次集体学习时的讲话

4. "社会主义核心价值观"载入宪法，与宪法价值相融合

▎重点法条▎

《宪法》第二十四条第二款　国家倡导社会主义核心价值观，提倡爱

祖国、爱人民、爱劳动、爱科学、爱社会主义的公德，在人民中进行爱国主义、集体主义和国际主义、共产主义的教育，进行辩证唯物主义和历史唯物主义的教育，反对资本主义的、封建主义的和其他的腐朽思想。

条文解读

党的十八大报告中提出了社会主义核心价值观，即富强、民主、文明、和谐，自由、平等、公正、法治，爱国、敬业、诚信、友善。所谓核心价值观，就是全体社会成员所共同认同的价值观。换言之，核心价值观就是所有社会成员的价值观中重合的部分。社会作为其成员生活、生存、发展的共同体，必须具有全体社会成员所共同认知的价值标准即社会共识。社会成员无论存在什么差异、多大的差异，无论身处什么社会阶层，如果在某些价值观上是一致的，存在价值观上的"最大公约数"，则这样的社会才具有凝聚力，社会秩序才能够得以良好维持。价值观上的"最大公约数"就是社会共识、社会核心价值观。因此，每一个社会成员必须将其内化于心、外化于行。

作为社会共识、"最大公约数"的载体，就是宪法。在法治社会，宪法是全体人民的共识，核心价值观想要制度化与法定化，就必须先转化为宪法制度。宪法规定了国家的根本制度、基本制度、指导思想、基本政策以及公民的基本权利等国家生活和社会生活中的重大问题。宪法作为国家根本法，在一个国家和社会的制度体系中占据着至高无上的地位，所有的制度都必须符合宪法。宪法制度就是按照社会核心价值观设计的，是社会核心价值观的具体化、法定化。我国宪法确认了公民广泛的权利和自由，并依照作为社会主义本质特征的社会公平正义规定了公民的基本权利和自由，按照法治思维进行制度设计。法律再依据宪法关于自由、平等、公正、法治的规定，在某一个特定领域进一步具体化。最终以宪法为核心形成统一的社会主义法律体系，就是以宪法中体现的社会主义核心价值观为核心，保证法律、行政法规、地方性法规、自治条例和单行条例等法律文件中规定的制度符合并体现社会价值观的要求，即一整套内部统一的调整社会关系的规则体系。

宪法和法律实施的过程就是捍卫、弘扬、彰显社会主义核心价值观的过程。宪法的实施尤其是合宪性审查的过程、法律的实施过程，特别是追究法律责任的过程，就是一次次弘扬和坚持社会主义核心价值观的过程，是向社会成员传达这些理念的过程。任何一个国家机关依法行使国家权力的过程，特别是司法机关严格依法判案的过程，也是弘扬和坚持社会主义核心价值观的过程。反之，如果宪法和法律不实施，特别是没有明确地、公开地追究违宪责任和违法责任的过程，社会主义核心价值观就不可能真正成为一种秩序、一种生活方式。合宪性审查公开、司法公开的意义就在于此。一个国家中所有的制度都必须符合宪法，与宪法保持一致，任何与宪法不一致的法律文件均应予以废除，因而，我国现行有效的制度都是社会主义核心价值观的体现。

宪法和法律的实施，使制度化的社会主义核心价值观成为一种秩序，这一秩序就是以社会主义核心价值观为内容的秩序。如果宪法没有权威和尊严，不能获得全面有效的实施，社会主义核心价值观也就无法内化于我们每一个人的实际生活中。

▌习近平法治思想指引▌

要加强社会主义核心价值体系建设，积极培育和践行社会主义核心价值观，全面提高公民道德素质，培育知荣辱、讲正气、作奉献、促和谐的良好风尚。

——2013年8月19日，习近平在全国宣传思想工作会议上的讲话

培育和弘扬核心价值观，有效整合社会意识，是社会系统得以正常运转、社会秩序得以有效维护的重要途径，也是国家治理体系和治理能力的重要方面。

——习近平：《论党的宣传思想工作》，中央文献出版社，2020年版

5.我国宪法明确了党和国家的奋斗目标

▌重点法条▌

《宪法》序言第七段　……我国将长期处于社会主义初级阶段。国家的根本任务是，沿着中国特色社会主义道路，集中力量进行社会主义现代化建设。……坚持人民民主专政，坚持社会主义道路，坚持改革开放，不

断完善社会主义的各项制度，发展社会主义市场经济，发展社会主义民主，健全社会主义法治，贯彻新发展理念，自力更生，艰苦奋斗，逐步实现工业、农业、国防和科学技术的现代化，推动物质文明、政治文明、精神文明、社会文明、生态文明协调发展，把我国建设成为富强民主文明和谐美丽的社会主义现代化强国，实现中华民族伟大复兴。

条文解读

习近平总书记在党的二十大报告中郑重宣示："从现在起，中国共产党的中心任务就是团结带领全国各族人民全面建成社会主义现代化强国、实现第二个百年奋斗目标，以中国式现代化全面推进中华民族伟大复兴。"

建设一个现代化的强国，是近代以来中国人的梦想，我们党的社会主义现代化建设战略目标是一个渐进发展的过程。20世纪五六十年代，我们党明确要"把我国建设成为一个强大的社会主义国家"，并提出基本实现"四个现代化"的两步走战略。改革开放之后，党根据国际环境变化和我国发展实际，对推进社会主义现代化建设作出战略安排，提出"三步走"战略，就是到20世纪80年代末解决人民温饱问题，到20世纪末使人民生活达到小康水平，到21世纪中叶基本实现现代化。进入新世纪，在现代化建设的前两步战略目标实现之后，党又提出在21世纪前20年全面建设惠及十几亿人口的更高水平的小康社会目标。党的十八大以来，中国特色社会主义进入新时代，党提出了"两个一百年"奋斗目标，明确指出在中国共产党成立100年时全面建成小康社会，在新中国成立100年时建成富强民主文明和谐的社会主义现代化国家。

党的十九大报告对实现第二个百年奋斗目标作出分两个阶段推进的战略安排，明确提出到2035年基本实现社会主义现代化，到本世纪中叶把我国建成富强民主文明和谐美丽的社会主义现代化强国。这个战略安排，将基本实现现代化的时间比原先提前了15年，首次提出"全面建成社会主义现代化强国"概念，战略目标上增加了"美丽"这一代表生态文明的内容，使现代化的内涵更加全面，并与"五位一体"总体布局相对应。在全面建成小康社会、实现第一个百年奋斗目标的基础上，党的二十大报告对全面建成社会主义现代化强国两步走战略安排进行宏观展望，细化了实现第二个百年奋斗目标的步骤和路径。回顾我国现代化建设的历程，我们党坚持一张蓝图绘到底，对建设社会主义现代化国家战略目标，在认识上不断深化，在内涵上不断丰富拓展，在战略安排上层层递进，推动现代化建设的蓝图逐步变为现实。

具体而言，到2035年我国需要实现以下目标。第一，经济实力、科技实力、综合国力大幅跃升，人均国内生产总值迈上新的大台阶，达到中等发达国家水平，建成现代化经济体系，形成新发展格局，基本实现新型工业化、信息化、城镇化、农业现代化；第二，实现高水平科技自立自强，进入创新型国家前列，国家创新体系效能全面提升，国家战略科技力量和高水平人才队伍居世界前列，基础研究和原始创新能力全面增强，关键核心技术实现重大突破和自主可控，在更多科技前沿领域实现并跑和领跑；第三，基本实现国家治理体系和治理能力现代化，全过程人民民主制度更加健全，基本建成法治国家、法治政府、法治社会；第四，建成教育强国、科技强国、人才强国、文化强国、体育强国、健康中国，国家文化软实力显著增强；第五，广泛形成绿色生产生活方式，碳排放达峰后稳中有降，生态环境根本好转，美丽中国目标基本实现；第六，国家安全体系和能力全面加强，基本实现国防和军队现代化；第七，人民生活更加幸福美好，居民人均可支配收入再上新台阶，中等收入群体比重明显提高，基本公共服务实现均等化，农村基本具备现代生活条件，社会保持长期稳定，人的全面发展、全体人民共同富裕取得更为明显的实质性进展。

从长远来看，党和国家的远景目标是到本世纪中叶，把我国建设成为综合国力和国际影响力领先的社会主义现代化强国。到那时，我国物质文明、政治文明、精神文明、社会文明、生态文明将全面提升，统筹推进"五位一体"总体布局将取得标志性成果。在经济建设方面，全面形成高质量发展模式和高水平的现代化经济体系，国家创新能力、社会生产力水平和核心竞争力名列世界前茅，成为全球主要科学中心、创新高地和重大科技成果主要输出地。在政治建设方面，全面实现国家治理体系和治理能力现代化，中国特色社会主义制度更加巩固、优越性充分发挥，全面建成法治国家、法治政府、法治社会，充分实现全过程人民民主，社会主义民主政治更加成熟完善。在文化建设方面，在全社会形成与社会主义现代化强国相适应的理想信念、价值理念、道德观念和精神风貌，全民族文化创新创造活力充分释放，公民文明素质和社会文明程度显著提高，中国精神、中国价值、中国力量在全球更加彰显。在社会建设方面，全体人民共同富裕基本实现，全社会实现高质量的充分就业，收入分配的公平程度排在世界前列，城乡居民将普遍拥有较高的收入、富裕的生活、健全的基本公共服务，社会充满活力而又规范有序。在生态文明建设方面，美丽中国全面建成，天蓝、地绿、水净、山青的优美生态环境成为普遍形态，实现人与自然和谐共生的现代化，成为全球生态环境保护领先的国家。

全面建设社会主义现代化国家，是一项伟大而艰巨的事业，寄托着中华民族的夙愿和期盼，凝结着中国人民的奋斗和汗水。进入新时代以来，我们党对建设社会主义现代化国家在认识上不断深入、在战略上不断成熟、在实践上不断丰富，推动经济建设、政治建设、文化建设、社会建设、生态文明建设五位一体协调发展，成功推进和拓展了中国式现代化，不断丰富和发展人类文明新形态。实践充分证明，中国式现代化道路符合中国实际、反映中国人民意愿、适应时代发展要求，是创造人民美好生活、实现中华民族伟大复兴的康庄大道。

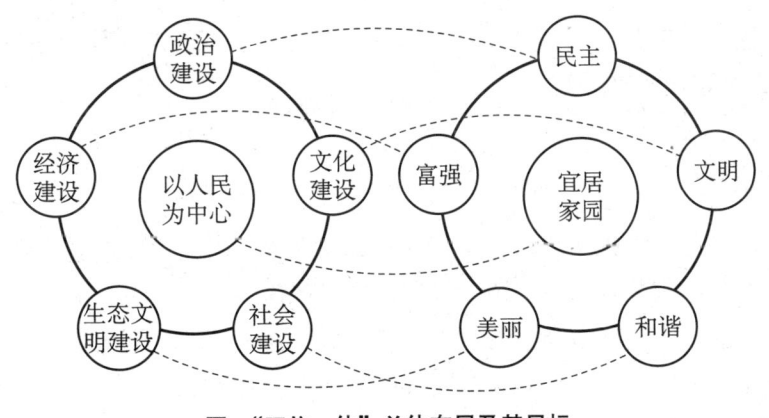

图 "五位一体"总体布局及其目标

▌▌▌ 习近平法治思想指引 ▌▌▌

我们的目标是，到本世纪中叶把我国建成富强民主文明和谐美丽的社会主义现代化强国。我们要以更大的力度、更实的措施全面深化改革、扩大对外开放，贯彻新发展理念，推动经济高质量发展，建设现代化经济体系，不断增强我国经济实力、科技实力、综合国力,让社会主义市场经济的活力更加充分地展示出来。

——2018年3月20日,习近平在第十三届全国人民代表大会第一次会议上的讲话

我们党要团结带领全国各族人民抓住和用好我国发展重要战略机遇期,坚持和发展中国特色社会主义,统筹推进"五位一体"总体布局、协调推进"四个全面"战略布局,推进国家治理体系和治理能力现代化,促进人的全面发展和社会全面进步,防范和应对各种风险挑战,实现"两个一百年"奋斗目标、实现中华民族伟大复兴的中国梦,就必须更加崇尚学习、积极改造学习、持续深化学习……

——2019年2月27日,习近平为第五批全国干部学习培训教材作序

6. 宪法宣誓制度的确立是政治文明和法治进步的重要标志

▌重点法条▌

> 《宪法》第二十七条第三款　国家工作人员就职时应当依照法律规定公开进行宪法宣誓。

▌条文解读▌

宪法宣誓是一种庄严的法定仪式,是国家法律制度的重要组成部分,是一项重要的国家制度,应当统一誓词、形式和程序,从立法上作出规定。为了落实党的十八届四中全会决定的要求,2015年7月1日第十二届全国人大常委会第十五次会议通过了《全国人民代表大会常务委员会关于实行宪法宣誓制度的决定》。在宪法中确立宪法宣誓制度,是世界上大多数有成文宪法的国家所普遍采取的制度方式,在142个有成文宪法的国家中,规定相关国家公职人员必须宣誓拥护或效忠宪法的有97个,虽然各国关于宪法宣誓的主体、内容、程序的规定不尽相同,但一般都在有关人员开始履行职务之前或就职时举行宣誓。宪法是国家的根本法,是治国安邦的总章程,具有最高的法律地位、法律权威、法律效力。向宪法宣誓表明宪法与宣誓人的关系,即宣誓人的权力是宪法赋予的,宣誓人的行权在宪法之下。这一宪法关系彰

显了宪法的权威和尊严，有利于树立国家工作人员的宪法意识，教育国家工作人员忠于宪法、遵守宪法、维护宪法，加强宪法实施，恪守宪法原则，弘扬宪法精神，履行宪法使命。

宪法宣誓有其特有的意义。首先，就职时进行宣誓会产生一种仪式感，显得庄严、神圣、庄重；其次，就职的时候必须先宣誓，先宣誓意味着宣誓之后正式开始行使权力、履行职责，彰显行使权力的正当性和合法性；再次，公开宣誓意味着宣誓人向作为国家权力所有者的人民以及全社会，甚至向全世界承诺要按照誓词来行使权力、履行职责；最后，国家工作人员就职时必须向宪法宣誓，不能将宣誓仅仅理解为一种就职仪式，其实质上是要求国家工作人员从内心里尊崇宪法，认同宪法作为国家根本法的价值及宪法中所确认的价值，严格依据宪法理念、按照宪法思维行使权力。

宪法宣誓制度的确立，既是政治文明和法治进步的重要标志，也是对公民权利和公职人员职责的有力保障。这一制度的设立，不仅彰显了我国对法治原则的坚守，也展示了我国对公民权利的尊重和对公职人员履职尽责所应有的期待。

‖ 习近平法治思想指引 ‖

全会决定规定，凡经人大及其常委会选举或者决定任命的国家工作人员正式就职时公开向宪法宣誓。这样做，有利于彰显宪法权威，增强公职人员宪法观念，激励公职人员忠于和维护宪法，也有利于在全社会增强宪法意识、树立宪法权威。

——2014年10月28日，《关于〈中共中央关于全面推进依法治国若干重大问题的决定〉的说明》

坚持依法治国首先要坚持依宪治国，坚持依法执政首先要坚持依宪执政，坚持宪法确定的中国共产党领导地位不动摇，坚持宪法确定的人民民主专政的国体和人民代表大会制度的政体不动摇。加强宪法实施和监督，健全保证宪法全面实施的制度体系，更好发挥宪法在治国理政中的重要作用，维护宪法权威。

——2022年10月16日，习近平在中国共产党第二十次全国代表大会上的报告

7. 宪法肯定中国民主主义革命史和社会主义改革史的价值

▍重点法条 ▍

《宪法》序言第二段　……中国人民为国家独立、民族解放和民主自由进行了前仆后继的英勇奋斗。

《宪法》序言第四段　一九一一年孙中山先生领导的辛亥革命，废除了封建帝制，创立了中华民国。但是，中国人民反对帝国主义和封建主义的历史任务还没有完成。

《宪法》序言第五段　一九四九年，以毛泽东主席为领袖的中国共产党领导中国各族人民，在经历了长期的艰难曲折的武装斗争和其他形式的斗争以后，终于推翻了帝国主义、封建主义和官僚资本主义的统治，取得了新民主主义革命的伟大胜利，建立了中华人民共和国。从此，中国人民掌握了国家的权力，成为国家的主人。

《宪法》序言第六段　中华人民共和国成立以后，我国社会逐步实现了由新民主主义到社会主义的过渡。生产资料私有制的社会主义改造已经完成，人剥削人的制度已经消灭，社会主义制度已经确立。工人阶级领导的、以工农联盟为基础的人民民主专政，实质上即无产阶级专政，得到巩固和发展。中国人民和中国人民解放军战胜了帝国主义、霸权主义的侵略、破坏和武装挑衅，维护了国家的独立和安全，增强了国防。经济建设取得了重大的成就，独立的、比较完整的社会主义工业体系已经基本形成，农业生产显著提高。教育、科学、文化等事业有了很大的发展，社会主义思想教育取得了明显的成效。广大人民的生活有了较大改善。

▍条文解读 ▍

中国是一个具有五千多年历史的文明古国，悠久的历史孕育了以爱国主义为核心，不屈不挠、自强不息的民族精神，各族人民共同创造了光辉灿烂的中国文化。同时，近代百年中华民族的血泪史培养了光荣的革命传统，中国人民为实现国家独立、民族解放和民主自由进行了前仆后继的英勇奋斗，是每一个中国人都不应忘却的历史。1982年版的《中华人民共和国宪法》序言中的历史叙事主要可以分为两个部分的内容，即中国民主主义革命史与社会主义改革史。《宪法》序言中的历史叙事在赋予宪法本身正当性的同时，提醒每一位中国人既要发扬中华优秀文化，又要牢记光荣的革命传统，以宪法的形式来强调中国民主主义革命史与社会主义改革史，为坚定道路自信、理论自信、制度自信、文化自信提供了宪法支持。

1840年鸦片战争以来，列强用坚船利炮打开了中国的国门，封建的中国逐步成为半殖民地半封建社会，民族危机空前高涨，中国人民在众多仁人志士的带领下以推翻帝国主义、封建主义和官僚资本主义为目标进行了不屈不挠的革命斗争。而根据领导阶级的不同和革命性质的不同，中国民主主义革命史以1919年五四运动为分界线，分为旧民主主义革命与新民主主义革命两个阶段。

旧民主主义革命开始于1840年的鸦片战争，是由资产阶级领导的，以建立资本主义社会和资产阶级专政的国家为目的、反对外国侵略和本国封建统治的革命。旧民主主义革命的爆发并非偶然，它是新的生产力的发展需求与旧的封建主义的生产关系的桎梏之间矛盾尖锐冲突的结果。封建社会末期，生产力的发展促使社会分工日益扩大，推进商品经济迅速发展，产生了资本主义的生产关系，然而封建主义的生产关系及其上层建筑的腐朽性严重阻碍着生产力的发展。这就必然要求通过旧民主主义革命，使资本主义的生产关系取代封建主义的生产关系，确立资产阶级的经济基础与上层建筑，以实现社会形态的转变。旧民主主义革命的主要事件包括：三元里抗英斗争、太平天国运动、义和团运动、洋务运动、戊戌变法、辛亥革命以及新文化运动。其中辛亥革命作为中华民族伟大复兴征程上一座巍然屹立的里程碑，是旧民主主义革命的高潮，它结束了中国几千年的封建专制制度，建立了亚洲第一个民主共和国，推动了中国的社会进步和发展。辛亥革命的胜利，使人民从深重的封建压迫和民族危机中解放出来，为中国的现代化铺平了道路。旧民主主义革命因其指导思想的局限性，不能将中国从民族危亡中拯救出来，但是它是中国历史发展的一个重要阶段，它在反对外国侵略和本国封建统治的斗争中，为中国的近代化进程做出了重要贡献，为后来的新民主主义革命打下了坚实的基础。

中国的新民主主义革命开始于1919年的五四运动，它是无产阶级领导的，反对帝国主义、封建主义、官僚资本主义的革命。它的目标是无产阶级（通过中国共产党）牢牢掌握革命领导权，彻底完成革命的任务，并及时实现由新民主主义向社会主义的过渡。新民主主义革命可以分为四个时期，即大革命时期、土地革命战争时期、抗日战争时期以及解放战争时期。在大革命时期，新文化运动及五四运动推动了社会主义传入中国，工人阶级也随之登上历史舞台，中国共产党在此背景下于1921年7月23日正式成立，无产阶级新民主主义革命拥有了坚强的领导核心。此后，中国共产党不断发起工人暴动，反抗北洋政府统治。1924年第一次国共合作促成1926年开始的北伐战争的胜利进行。在土地革命战争时期，自南昌起义开始，中国共产党代表人民群众打响了武装反抗国民党反动统治的第一枪。秋收起义后，确定了"农村包围城市，武装夺取政权"的革命道路，开辟了以井冈山为代表的无数农村革命根据地，并成功粉碎国民党数次"围剿"。1934年10月，红军被迫进行长征，在长征过程中坚定革命理想信念，形成了"全国人民和中华民族的根本利益高于一切"的伟大长征精神。在抗日战争时期，以九一八事变为起点，中国人民进入了艰苦卓绝的十四年抗战时期。以国共第二次合作为代表，抗日民族统一战线形成，全国人民团结一心、艰苦抗战，维护国家的主权独立。这一时期还在全党范围开展了整风运动，对进一步端正党的思想路线和加强党的自身建设具有重大意义。同时，随着党的七大的召开，大会对全党给予了及时正确的指导，为争取抗战的胜利和新民主主义革命在全国的胜利奠定了政治和思想基础。在解放战争时期，在面对国民党撕毁"双十协定"发动内战的情况下，中国共产党领导人民群众进行了解放战争，并最终获得胜利，1949年中华人民共和国的成立标志着我国新民主主义革命的基本结束和社会主义革命的开始。中国新民主主义革命的胜利结束了帝国主义、封建主义和官僚资本主义在中国的统治，建立了人民民主专政的新中国。中国人民为了自由、民主、独立和统一整整奋斗了一个世纪，最终在中国共产党的领导下，取得了中国民主革命的伟大胜利。从此，劳动人民成了新中国的主人。这是中国历史上的伟大转折点，标志着中国社会进入了新的时期。

新中国成立后，中国共产党作为执政党，领导人民开展社会革命，建立社会主义制度，进行社会主义现代化建设。我们党领导社会建设的实践历程，大体可以分为三个历史阶段。从新中国成立到党的十一届三中全会前为社会管控阶段。这一阶段，我们党科学把握"站起来"后中国面临的敌我矛盾依然较为突出等国内外复杂严峻形势，立足巩固新生政权、重构中国社会的革命性任务，围绕"破旧"和"立新"主要关键点，实现对社会的有效管控。全国以各级党政部门作为有效社会管控主体，以基本民生为工作中心，通过大力革除旧社会弊病，为新的社会治理结构打下坚实基础；通过逐步建立健全基层社会管控体系，集中资源全面进行社会主义现代化建设，形成国家（政府）全方位管控社会的治理模式。从党的十一届三中全会到党的十八大前为社会管理阶段。这一阶段，我们党在十一届三中全会实行改革开放后重新出发，保障了党和国家工作重心从"站起来"向"富起来"平稳转移。在不断深化改革开放为经济社会发展带来巨大活力的同时，也引起社会结构、利益格局和思想观念的深刻变化。为适应变化、应对挑战，我们党坚持不懈地进行社会建设的理论和实践探索，把"社会更加和谐"列为全面建设小康社会的奋斗目标，将社会建设和社会管理方面的工作整合为"社会建设"这一全新概念，围绕构建社会主义和谐社会重大战略任务，领导中国由传统的社会管控体制逐步向现代社会管理体制转变，取得重要成果。党的十八大以来开启了社会治理阶段。这一阶段，我们党根据社会主要矛盾的变化，全面深化改革，实现从社会管理向社会治理的转变，社会建设进入新阶段、迈上新台阶。主要关键点有"顶层设计"、"总体国家安全观"和"法治保障"等。新时代，在以习近平同志为核心的党中央坚强领导下，我国社会治理体系更加完善，社会大局保持稳定，国家安全全面加强，人民生活不断改善，人民获得感、幸福感、安全感显著增强，进一步彰显了中国特色社会主义制度的优越性。新中国建设的过程是艰辛的，但结果是辉煌的。新中国的建设成果，是中国共产党团结带领人民，用自力更生、发愤图强的精神，通过长期的努力奋斗得来的。新中国的建设，是中国历史的一个新纪元，是中国人民从站起来到富起来，再到强起来的历史性飞跃。新中国的建设，是中国人民实现中华民族伟大复兴的伟大事业的重要里程碑。[1]

中国《宪法》序言中的历史叙事，不仅用几十年的革命传统和实践把革命行为正当化，又把整个革命的历史中"国家独立、民族解放、人民自由"的全中华儿女的共识和共同追求，浓缩进"中国各族人民"这一词汇，使得这一历史叙事有着严丝合缝的逻辑基础。我国宪法以法律的形式确认了中国各族人民奋斗的成果，规定了国家的根本制度和根本任务，是国家的根本法，具有最高的法律效力，《宪法》序言的历史叙事体现了宪法的最高效力性。

---

[1] 王志民. 中国共产党领导新中国社会建设实践与启示. 学习时报，2021-06-09（1）.

▌▌习近平法治思想指引▌▌

初心易得,始终难守。以史为鉴,可以知兴替。我们要用历史映照现实、远观未来,从中国共产党的百年奋斗中看清楚过去我们为什么能够成功、弄明白未来我们怎样才能继续成功,从而在新的征程上更加坚定、更加自觉地牢记初心使命、开创美好未来。

——2021年7月1日,习近平在庆祝中国共产党成立100周年大会上的讲话

辛亥革命极大促进了中华民族的思想解放,传播了民主共和的理念,打开了中国进步潮流的闸门,撼动了反动统治秩序的根基,在中华大地上建立起亚洲第一个共和制国家,以巨大的震撼力和深刻的影响力推动了中国社会变革,为实现中华民族伟大复兴探索了道路。

——2021年10月9日,习近平在纪念辛亥革命110周年大会上的讲话

要把学习贯彻党的创新理论作为思想武装的重中之重,同学习马克思主义基本原理贯通起来,同学习党史、新中国史、改革开放史、社会主义发展史结合起来,同新时代我们进行伟大斗争、建设伟大工程、推进伟大事业、实现伟大梦想的丰富实践联系起来……

——2020年1月8日,习近平在"不忘初心、牢记使命"主题教育总结大会上的讲话

百年来,党领导人民浴血奋战、百折不挠,创造了新民主主义革命的伟大成就;自力更生、发愤图强,创造了社会主义革命和建设的伟大成就;解放思想、锐意进取,创造了改革开放和社会主义现代化建设的伟大成就;自信自强、守正创新,创造了新时代中国特色社会主义的伟大成就。党和人民百年奋斗,书写了中华民族几千年历史上最恢宏的史诗。

——2021年11月11日,《中共中央关于党的百年奋斗重大成就和历史经验的决议》

8. 保证宪法实施,树立宪法权威

▌▌重点法条▌▌

《宪法》序言第十三段　……全国各族人民、一切国家机关和武装力

量、各政党和各社会团体、各企业事业组织,都必须以宪法为根本的活动准则,并且负有维护宪法尊严、保证宪法实施的职责。

《宪法》第五条 ……一切法律、行政法规和地方性法规都不得同宪法相抵触。

一切国家机关和武装力量、各政党和各社会团体、各企业事业组织都必须遵守宪法和法律。一切违反宪法和法律的行为,必须予以追究。

任何组织或者个人都不得有超越宪法和法律的特权。

《宪法》第五十三条 中华人民共和国公民必须遵守宪法和法律,保守国家秘密,爱护公共财产,遵守劳动纪律,遵守公共秩序,尊重社会公德。

《宪法》第六十七条 全国人民代表大会常务委员会行使下列职权:(一)解释宪法,监督宪法的实施……

《宪法》第九十九条 地方各级人民代表大会在本行政区域内,保证宪法、法律、行政法规的遵守和执行;依照法律规定的权限,通过和发布决议,审查和决定地方的经济建设、文化建设和公共事业建设的计划。

▌▌▌ 条文解读 ▌▌▌

宪法实施一般是指宪法规范在社会实际生活中的贯彻落实。宪法是国家的根本法。宪法实施是宪法本身的基本要求,也是宪法确立的重要目标。制定宪法的目的是通过实施宪法,实现宪法的价值和功能。我国宪法在多处对宪法的实施作了明确规定。

从宪法条文来看,宪法实施具有法律实施的一般共性,但宪法的特点,决定了宪法实施与其他法律实施存在不同之处。第一,宪法实施内容的广泛性。一般法律的内容只涉及国家生活和社会生活的某一个方面、某一个领域,而宪法主要规定一个国家的根本制度、政权组织形式、国家结构形式、公民的基本权利与基本义务、宪法实施的保障等内容,反映了一个国家政治、经济、文化和社会等生活的各个方面,宪法实施的范围十分广泛。第二,宪法实施主体的普遍性。一切国家机关、组织和公民,都是宪法实施的主体,都必须以宪法为根本的活动准则。宪法实施从主体上主要有立法机关实施宪法、行政机关实施宪法、司法机关实施宪法和其他社会主体包括全体公民实施宪法。第三，宪法实施方式的多样性。宪法是国家的根本法，宪法规范具有直接的法律效力，但宪法实施还通过国家机关的立法、执法、司法等活动以及其他组织和公民的遵守得以实现。宪法实施从方式上可以分为宪法执行和适用、宪法遵守以及宪法实施的保障和监督。宪法执行是指依据宪法行使权力（权利）、履行职责（义务），宪法适用是指通过适用宪法解决争议；宪法遵守是指在国家生活和社会生活中严格遵守宪法；宪法保障是指保证宪法实施的一系列制度和措施的总和，宪法监督是特定国家机关对宪法实施的监督，是宪法实施最重要的制度保证。

党的十八大以来，以习近平同志为核心的党中央把全面贯彻实施宪法作为全面依法治国、建设社会主义法治国家的首要任务和基础性工作，在习近平法治思想的引领和推动下，我国宪法实施的实践不断丰富，体制机制不断健全。通过宪法修正案，完善以宪法为核心的中国特色社会主义法律体系，用科学有效、系统完备的制度体系保证宪法实施。实施宪法规定的特赦制度，依法颁授国家勋章和国家荣誉称号，设立"国家宪法日"，实施宪法宣誓制度，完善国旗法、国徽法、国歌法等国家标志法律制度。推进合宪性审查工作，加强和改进备案审查工作，确保法律法规、制度政策符合宪法规定、原则和精神，维护国家法治统一。依据宪法作出关于香港特别行政区维护国家安全的法律制度和执行机制的决定，制定香港国安法，维护宪法权威和香港特别行政区的宪制秩序。习近平总书记在多个重要会议、重要活动上发表重要讲话，就我国宪法发展历程、性质特点、地位作用、宪法实施和监督、宪法宣传教育等作出一系列重要论述，丰富和发展了中国特色社会主义宪法理论。习近平总书记关于宪法的重要论述，是习近平法治思想的重要组成部分，引领着新时代依宪治国、依宪执政新实践。领导干部要深刻认识我国宪法的深厚底蕴、实践根基、优势功效，切实尊崇宪法，严格实施宪法，把全面贯彻实施宪法提高到一个新水平，更好发挥宪法在治国理政中的重要作用。

▏▎▍习近平法治思想指引 ▍▎▏

宪法的生命在于实施，宪法的权威也在于实施。我们要坚持不懈抓好宪法实施工作，把全面贯彻实施宪法提高到一个新水平。

——2012年12月4日，习近平在首都各界纪念现行宪法公布施行30周年大会上的讲话全面贯彻实施宪法是建设社会主义法治国家的首要任务和基础性工作，也是坚持和完善人民代表大会制度的必然要求。

——2021年10月13日，习近平在中央人大工作会议上的讲话

要以宪法为根本活动准则，用科学有效、系统完备的制度体系保证宪法实施，加强宪法监督，弘扬宪法精神，切实维护宪法的权威和尊严。

——2021年10月13日，习近平在中央人大工作会议上的讲话

加强宪法实施和监督，健全保证宪法全面实施的制度体系，更好发挥宪法在治国理政中的重要作用，维护宪法权威。

——2022年10月16日，习近平在中国共产党第二十次全国代表大会上的报告

健全保证宪法全面实施的制度体系，不断提高宪法实施和监督水平。健全保证宪法全面实施的制度体系，必须坚持宪法规定、宪法原则、宪法精神全面贯彻，坚持宪法实施、宪法解释、宪法监督系统推进，统筹推进法律规范体系、法治实施体系、法治监督体系、法治保障体系和党内法规体系建设，确保宪法得到完整准确全面贯彻。

——2022年12月19日，习近平发表署名文章《谱写新时代中国宪法实践新篇章——纪念现行宪法公布施行40周年》

9. 坚持有件必备，加强备案审查工作

重点法条

《全国人民代表大会常务委员会关于完善和加强备案审查制度的决定》（下文简称《备案审查决定》）第二条　坚持有件必备。行政法规、监察法规、地方性法规、自治州和自治县的自治条例和单行条例、经济特区法规、浦东新区法规、海南自由贸易港法规（以下统称法规）以及最高人民法院、最高人民检察院作出的属于审判、检察工作中具体应用法律的解释（以下统称司法解释）依法报送全国人民代表大会常务委员会备案。

《备案审查决定》第二十一条　健全特别行政区本地法律备案审查机制。全国人民代表大会常务委员会依据宪法和香港特别行政区基本法、澳门特别行政区基本法，加强对特别行政区立法机关制定的法律的备案审查

工作，维护宪法和基本法确定的特别行政区宪制秩序。

《备案审查决定》第三条　加强备案工作。法规、司法解释应当自公布之日起三十日内报送全国人民代表大会常务委员会备案。报送备案时，应当一并报送备案文件的纸质文本和电子文本。

全国人民代表大会常务委员会办公厅负责法规、司法解释的备案工作，对备案文件进行形式审查。对符合备案要求的，予以登记、存档，并根据职责分工分送全国人民代表大会有关专门委员会和常务委员会工作机构进行审查。对不符合备案要求的，采取退回、要求补充或者更正后重新报送等方式处理。常务委员会办公厅对报送机关的报送工作进行督促检查，并对瞒报、迟报、漏报等情况予以通报。

▌条文解读▐

　　备案审查是一项具有中国特色的宪法监督制度，是宪法监督的基础和重要着力点，也是一项重要的立法监督制度，是保障宪法法律实施、维护国家法制统一的重要制度。全国人大常委会的备案范围主要是由立法法、监督法等法律和有关决定规定的。2023年3月十四届全国人大一次会议审议通过的《全国人民代表大会关于修改〈中华人民共和国立法法〉的决定》对报送全国人大常委会备案的法规司法解释范围作了补充和完善，《备案审查决定》根据立法法修改的精神对全国人大常委会的备案范围作了进一步明确规定。根据《备案审查决定》第二条和第二十一条的规定，全国人大常委会的备案范围具体包括行政法规、监察法规、地方性法规、自治州和自治县的自治条例和单行条例、经济特区法规、浦东新区法规、海南自由贸易港法规、司法解释，以及香港特别行政区和澳门特别行政区的本地法律。此外，《备案审查决定》总结实践经验，对报送备案的时限、方式，以及形式审查等内容作出规定。其第三条明确法规、司法解释应当自公布之日起30日内报送备案，采取纸质报备与电子报备双重备案的方式。全国人大常委会办公厅负责备案工作，对备案文件进行形式审查。开展形式审查是确保报备工作规范、准确、及时的有效措施。常委会办公厅还要对报备工作进行督促检查，对瞒报、迟报、漏报等情况予以通报。从近几年报备工作情况来看，各报备机关能够严格依照法律规定，及时、规范履行报备义务，自觉接受全国人大常委会监督。

▍典型案例 ▍

法学家李步云于2018年年初向全国人大常委会法工委法规备案审查室就浙江省高院对非法行医罪进行解释提出了审查建议，指出该解释系地方法院越权制定司法解释性质文件。2018年7月18日，全国人大常委会法工委法规备案审查室予以复函。根据反馈的情况，浙江省高级人民法院表示所涉解释属于应当清理的带有司法解释性质的文件，省人民检察院、省公安厅将停止执行相关条款，共同研究妥善处理正在审理的案件及生效案件，并通知辖区法院停止执行意见中有关非医学需要鉴定胎儿性别行为以非法行医罪处罚的决定。

▍案例解读 ▍

宪法的效力保障包括规范的合宪性，保障法律法规和法律性文件合宪，我国采用的是事前审查与事后审查相结合。由全国人大通过的立法法、监督法，以及全国人大常委会制定的《法规备案审查工作程序》《司法解释备案审查工作程序》《备案审查决定》，对属于我国法的范畴的规范性法律文件的违宪审查作了比较细的规定。（1）违宪审查的对象：行政法规、地方性法规、自治条例、单行条例以及司法解释等规范性法律文件是全国人大常委会进行违宪审查的对象。（2）启动主体：国务院、中央军事委员会、最高人民法院、最高人民检察院和各省、自治区、直辖市的人大常委会认为上述规范性法律文件同宪法或者法律相抵触的，可以向全国人大常委会书面提出进行审查的要求，由全国人大常委会工作机构分送有关的专门委员会进行审查、提出意见。这些主体以外的其他国家机关和社会团体、企业事业组织以及公民认为上述规范性法律文件同宪法或者法律相抵触的，可以向全国人大常委会书面提出进行审查的要求，由全国人大常委会工作机构进行研究，必要时，送有关的专门委员会进行审查、提出意见。（3）审查程序：全国人大专门委员会在审查中认为，行政法规、地方性法规、自治条例、单行条例及司法解释同宪法或者法律相抵触的，可以向制定机关提出书面审查意见；也可以由法律委员会与有关的专门委员会召开联合会议，要求制定机关到会说明情况，再向制定机关提出书面审查意见。制定机关应当在两个月内研究提出是否修改的意见，并向全国人大法律委员会和有关的专门委员会反馈。全国人大宪法和法律委员会和有关的专门委员会审查认为行政法规、地方性法规、自治条例和单行条例同宪法或者法律相抵触而制定机关不予修改的，可以向委员长会议提出书面审查意见和予以撤销的议案，由委员长会议决定是否提请委员会会议审议决定。

▍习近平法治思想指引▍

完善全国人大及其常委会宪法监督制度，健全宪法解释程序机制。加强备案审查制度和能力建设，把所有规范性文件纳入备案审查范围，依法撤销和纠正违宪违法的规范性文件，禁止地方制发带有立法性质的文件。

加强党内法规制度建设。……加大党内法规备案审查和解释力度，形成配套完备的党内法规制度体系。注重党内法规同国家法律的衔接和协调，提高党内法规执行力，运用党内法规把党要管党、从严治党落到实处，促进党员、干部带头遵守国家法律法规。

——2014年10月23日，党的十八届四中全会《中共中央关于全面推进依法治国若干重大问题的决定》

我们健全规范性文件备案审查制度，把各类法规、规章、司法解释和各类规范性文件纳入备案审查范围，建立健全党委、人大、政府、军队间备案审查衔接联动机制，加强备案审查制度和能力建设，实行有件必备、有备必审、有错必纠。

——习近平：《论坚持全面依法治国》，中央文献出版社，2020年版

10. 坚持有备必审，完善审查方式和机制，明确审查重点内容

▍重点法条▍

《备案审查决定》第四条　坚持有备必审。按照有备必审的要求完善审查工作机制，细化审查内容，规范审查程序，综合运用依申请审查、主动审查、专项审查、移送审查和联合审查等方式，依法开展审查工作。

全国人民代表大会专门委员会、常务委员会工作机构负责审查工作。

专门委员会、常务委员会工作机构应当加强沟通协作，遇有重要问题和重要情况的，可以共同研究和协商；认为有必要进行共同审查的，可以召开联合审查会议。

《备案审查决定》第五条　推进合宪性审查。在备案审查工作中注重审查法规、司法解释等规范性文件是否存在不符合宪法规定、宪法原则、宪法精神的内容，认真研究涉宪性问题，及时督促纠正与宪法相抵触或者存在合宪性问题的规范性文件。在备案审查工作中落实健全宪法解释工作程序的要求，准确把握和阐明宪法有关规定和精神，回应社会有关方面对涉宪问题的关切。

《备案审查决定》第六条　加强依申请审查。有关国家机关依法向全国人民代表大会常务委员会书面提出审查要求的，由全国人民代表大会有关的专门委员会和常务委员会工作机构进行审查、提出意见。

其他国家机关和社会组织、企业事业单位以及公民依法向全国人民代表大会常务委员会书面提出审查建议的，由常务委员会工作机构进行审查；必要时，送有关的专门委员会进行审查、提出意见。常务委员会工作机构对审查建议进行初步审查，认为建议审查的法规、司法解释可能与宪法或者法律相抵触，或者存在合宪性、合法性问题的，应当启动审查程序。

地方各级监察委员会、人民法院、人民检察院在监察、审判、检察工作中发现法规、司法解释同宪法或者法律相抵触，或者存在合宪性、合法性问题的，可以逐级上报至国家监察委员会、最高人民法院、最高人民检察院，由国家监察委员会、最高人民法院、最高人民检察院向全国人民代表大会常务委员会书面提出审查要求。

《备案审查决定》第七条　加强主动审查。全国人民代表大会专门委员会、常务委员会工作机构应当加强法规、司法解释主动审查工作。健全主动审查的工作机制和方式，围绕常务委员会工作重点，结合改革发展阶段性特征，针对存在的倾向性、典型性问题，突出审查重点，提高主动审查效率和质量。

《备案审查决定》第八条　有针对性开展专项审查。全国人民代表大会专门委员会、常务委员会工作机构根据需要对涉及党中央决策部署、国家重大改革、重要法律实施、人民群众切身利益等方面的法规、司法解释

> 进行专项审查，集中解决某一领域或者某一类别法规、司法解释等规范性文件中普遍存在的问题。在开展依申请审查、主动审查、移送审查过程中，发现其他法规、司法解释等规范性文件存在共性问题的，可以一并进行专项审查。

条文解读

《备案审查决定》根据备案审查工作实践，对坚持有备必审、做好审查工作作出总体规定。其第四条要求完善审查工作机制，细化审查内容，规范审查程序，综合运用依申请审查、主动审查、专项审查、移送审查和联合审查等五种方式，依法开展审查工作。根据立法法和《备案审查决定》的规定，全国人大各专门委员会、常委会工作机构共同负责审查工作。在实际工作中，专门委员会、常委会工作机构各自独立分工负责，又相互沟通协作。审查中遇有重要问题和重要情况的，可以共同研究和协商，还可以开展联合审查。

《备案审查决定》第五条明确了开展合宪性审查的工作思路和重点。一是在备案审查中要加强对合宪性问题的审查研究，注重审查规范性文件是否存在不符合宪法规定、宪法原则、宪法精神的内容。有的规范性文件中存在的问题既涉及具体的法律，也涉及宪法，对此要加强涉宪性问题的审查研究。二是经认真审查，发现规范性文件同宪法相抵触或者存在合宪性问题的，应当及时督促纠正。三是在备案审查工作中落实健全宪法解释工作程序的要求，审查中发现需要作宪法解释的问题，应当提出解释宪法的初步意见；在审查意见中注意准确把握和阐明宪法有关规定和精神，积极回应社会有关方面对涉宪性问题的关切。

《备案审查决定》总结实践经验，明确备案审查的方式，包括依申请审查、主动审查、专项审查。根据《备案审查决定》第六条规定加强依申请审查，并进一步明确了审查要求、审查建议的办理机制，该条规定：有关国家机关依法提出审查要求的，由全国人大有关的专门委员会和常委会工作机构进行审查；其他国家机关和社会组织、企业事业单位以及公民依法提出审查建议的，由常委会工作机构进行审查。《备案审查决定》第七条规定了主动审查。对报送备案的法规、司法解释，全国人大常委会可依职权开展主动审查，这是做好审查工作的另一种基本方式，也是落实有备必审的有效方式。根据《备案审查决定》的规定，全国人大专门委员会、常委会工作机构应当加强主动审查工作，优势互补，形成合力。近年来，全国人大常委会每年接收备案的法规、司法解释都有1 400件左右，法制工作委员会坚持逐件开展主动审查，努力做到审查全覆盖。

此外，《备案审查决定》第八条还规定了有针对性开展专项审查。专项审查是根据审查工作实际需要对依申请审查和主动审查方式的有效补充。根据公民、组织的审查建议进行审查，针对性强，但对相同或者同类问题缺乏全面审视检查；主动审查范围广泛却针对性不足。实践中，为了增强审查工作实效，在开展依申请审查、主动审查以及移送审查的过程中，发现其他法规、司法解释等规范性文件存在共性问题的，全国人大专门委员会、常委会工作机构会对这些文件一并进行审查，这就是专项审查。

▎习近平法治思想指引 ▎

我们健全规范性文件备案审查制度，把各类法规、规章、司法解释和各类规范性文件纳入备案审查范围，建立健全党委、人大、政府、军队间备案审查衔接联动机制，加强备案审查制度和能力建设，实行有件必备、有备必审、有错必纠。

要健全备案审查制度，所有的法规规章、司法解释和各类规范性文件出台后都要依法依规纳入备案审查范围。全国人大常委会的备案审查工作，当然就包括审查有关规范性文件是否存在不符合宪法规定、不符合宪法精神的内容，要加强和改进这方面的工作。

——2018年1月19日，习近平在十九届二中全会第二次全体会议上的重要讲话

11. 坚持有错必纠，增强备案审查制度刚性

▎重点法条 ▎

《备案审查决定》第十三条　坚持有错必纠。全国人民代表大会专门委员会、常务委员会工作机构经审查认为法规、司法解释应当予以纠正

的，可以与制定机关沟通，推动制定机关修改或者废止。制定机关同意对法规、司法解释予以修改或者废止，并书面提出明确处理计划和时限的，可以不再向其提出书面审查意见，审查中止。

经沟通，制定机关不同意修改、废止或者没有书面提出明确处理计划和时限的，全国人民代表大会专门委员会、常务委员会工作机构应当依法向制定机关提出书面审查意见，要求制定机关在两个月内提出书面处理意见。制定机关按照所提意见对法规、司法解释进行修改或者废止的，审查终止。

全国人民代表大会常务委员会工作机构对可能造成理解歧义、执行不当等问题的法规、司法解释，可以函告制定机关予以提醒，提出意见和建议。

《备案审查决定》第十四条　依法作出纠正和撤销决定。制定机关未按照书面审查意见或者处理计划对法规、司法解释予以修改、废止的，全国人民代表大会专门委员会、常务委员会工作机构可以依法提出下列议案、建议，由委员长会议决定提请常务委员会会议审议决定：

（一）确认有关法规、司法解释与宪法、法律相抵触或者违背宪法、法律的原则和精神，要求制定机关限期修改或者废止；

（二）要求制定机关自行修改完善有关法规、司法解释，或者要求制定机关进行清理；

（三）依法予以撤销；

（四）依法作出法律解释。

法规、司法解释被纠正或者撤销后，其他规范性文件存在相同问题的，制定机关应当及时修改或者废止。

条文解读

落实有错必纠的要求，完善审查纠错程序。根据《备案审查决定》第十三条的规定，主要完善了三个方面的程序性内容：第一，总结实践经验，增加工作沟通的内容。经审查认为法规、司法解释应当予以纠正的，可以与制定机关沟通，推动制定机关修改或者废止。通过工作沟通推动解决问题，是备案审查工作中一种有效的纠错方式，也是常用的方式之一，《备案审查决定》对此作出规定，是对现行法律规定的有益补充。第二，进一步明确提出审查意见的程序。经沟通，制定机关不同意修改、废止或者没有书面提出明确处理计划和时限的，全国人大专门委员会、常委会工作机构应当依法向制定机关提出书面审查意见，要求制定机关在两个月内提出书面处理意见。制定机关按照所提意见对法规、司法解释进行修改或者废止的，审查终止。第三，增加工作提醒的内容。法规、司法解释不存在违反宪法法律的问题，但其规定可能造成理解歧义、执行不当等问题的，《备案审查决定》规定常委会工作机构可以函告制定机关予以提醒，提出意见和建议，以避免出现上述问题。

为充分发挥全国人大常委会监督作用，增强纠错刚性，有效解决法规、司法解释中存在的问题，《备案审查决定》第十四条进一步完善全国人大常委会依法作出纠正和撤销决定的方式和程序。《备案审查决定》在现有规定基础上增加了两种纠错方式：第一，对于有关法规、司法解释存在与宪法、法律相抵触或者违背宪法、法律的原则和精神等严重违反宪法法律问题的，可以依法确认该违法行为，并要求制定机关限期修改或者废止。第二，对于有关法规、司法解释存在一般违法问题或者需要清理的，可以要求制定机关自行修改完善有关法规、司法解释，或者要求制定机关进行清理。

▎▎▎ 习近平法治思想指引 ▎▎▎

维护国家法治统一，是一个严肃的政治问题。我国是单一制国家，维护国家法治统一至关重要。2015年立法法修改，赋予设区的市地方立法权，地方立法工作有了积极进展，总体情况是好的，但有的地方也存在违背上位法规定、立法"放水"等问题，影响很不好。要加强宪法实施和监督，推进合宪性审查工作，对一切违反宪法法律的法规、规范性文件必须坚决予以纠正和撤销。同时，地方立法要有地方特色，需要几条就定几条，能用三五条解决问题就不要搞"鸿篇巨制"，关键是吃透党中央精神，从地方实际出发，解决突出问题。

——习近平：《坚定不移走中国特色社会主义法治道路 为全面建设社会主义现代化国家提供有力法治保障》，《求是》2021年第5期

第二编 国家制度

1. 全过程人民民主是社会主义民主的本质属性

‖ 重点法条 ‖

《宪法》第一条 中华人民共和国是工人阶级领导的、以工农联盟为基础的人民民主专政的社会主义国家。

社会主义制度是中华人民共和国的根本制度。中国共产党领导是中国特色社会主义最本质的特征。禁止任何组织或者个人破坏社会主义制度。

‖ 条文解读 ‖

党的二十大报告中提到，全过程人民民主是社会主义民主政治的本质属性，是最广泛、最真实、最管用的民主。我国全过程人民民主实现了过程民主和成果民主、程序民主和实质民主、直接民主和间接民主、人民民主和国家意志相统一，是全链条、全方位、全覆盖的民主。全过程人民民主具有重大理念内涵：内容多维统一、形态全景存在、价值至最追求。

一是内容多维统一，充分体现过程民主和成果民主、程序民主和实质民主、直接民主和间接民主、人民民主和国家意志的有机结合。我国的民主是人民民主，人民当家作主是社会主义民主政治的本质和核心。我们讲实现人民当家作主，不仅要讲求过程民主、体现民主流程，也要讲求成果民主、体现民主的成效；不仅要讲求程序民主、程序合法，以程序民主促进实质民主，也要讲求实质民主、实体公正，以实质民主保证程序民主；不仅要讲求直接参与选举和协商的直接民主，也要讲求选出代表参与选举和协商的间接民主；不仅要讲求人民民主、反映人民意愿，也要讲求国家意志、共同目标、根本利益。全过程人民民主讲求的"四个统一"，包括选举民主、协商民主、社会民主、基层民主等多维民主政治领域，涵盖选举、审议、决策、管理、监督等完整民主过程，是相辅相成、相得益彰的有机整体。

二是形态全景存在，立体呈现全链条、全方位、全覆盖。我国的人民民主是中国共产党领导人民进行革命、建设、改革的百年辉煌历程中逐步形成的环节全链条、视角全方位、主体全覆盖的全景形态。具体来说，我们党自诞生那天起，始终坚持为中国人民谋幸福、为中华民族谋复兴的初心使命，始终秉持让人民当家作主的核心理念，从当年解放区的"豆选"开始探索民主选举，到协商建国探索社会主义协商民主，到推进决策科学化民主化，到新中国发挥人民群众主人翁地位参与社会事务管理，再到推行共产党与民主党派相互监督和让人民来监督政府，已经形成了民主选举、民主协商、民主决策、民主管理、民主监督等环环相扣、彼此贯通的完整链条；从积极倡导和维护人民在经济、政治、文化、社会、生态文明等各领域的广泛权利，到以制度来保障和实现广大人民群众、人大代表、政协委员参与国家治理、社会治理和基层治理，让人民民主全方位体现在我国改革发展稳定各领域各方面；从人民民主着眼最广大人民广泛持续参与的核心理念建树，到完整构建人民民主的制度程序和参与实践，使选举民主和协商民主这两种重要民主形式相互结合，形成了覆盖各层级各地方各单位960多万平方公里土地、14亿多人民、56个民族的多样、畅通、有序的民主渠道。

三是价值至最追求，实践讲求最广泛、最真实、最管用。我国的民主是中国共产党领导的社会主义民主，至高至最的价值追求是人民真正成为国家、社会和自己命运的主人。正是因为在党的领导下、在社会主义制度保障下，着眼于坚持党的领导、人民当家作主、依法治国有机统一，坚持党的领导、统一战线、协商民主有机统一，致力推进全链条、全方位、全覆盖的民主，不拿口号来作秀、不以承诺赢选票、不把民主做摆设，实实在在地使广大人民群众依照宪法和法律规定，通过各种民主形式和协商渠道，参与国家政治决策和社会公共决策，管理国家各项事务，解决基层治理难题，有效保障自身权益，继而使最广大人民的意愿得到充分反映，最广大人民当家作主的权利得到充分实现，最广大人民的合法权益得到充分保障，形成了最广泛、最真实、最管用的人民民主。

‖ 习近平法治思想指引 ‖

我们走的是一条中国特色社会主义政治发展道路，人民民主是一种全过程的民主，所有的重大立法决策都是依照程序、经过民主酝酿，通过科学决策、民主决策产生的。

——2019年11月2日，习近平在上海市长宁区虹桥街道古北市民中心考察时的讲话

民主不是装饰品，不是用来做摆设的，而是要用来解决人民需要解决的问题的。一个国家民主不民主，关键在于是不是真正做到了人民当家作主，要看人民有没有投票权，更要看人民有没有广泛参与权；要看人民在选举过程中得到了什么口头许诺，更要看选举后这些承诺实现了多少；要看制度和法律规定了什么样的政治程序和政治规则，更要看这些制度和法律是不是真正得到了执行；要看权力运行规则和程序是否民主，更要看权力是否真正受到人民监督和制约。如果人民只有在投票时被唤醒、投票后就进入休眠期，只有竞选时聆听天花乱坠的口号、竞选后就毫无发言权，只有拉票时受宠、选举后就被冷落，这样的民主不是真正的民主。

——2021年10月13日至14日，习近平在中央人大工作会议上发表重要讲话强调

要积极发展全过程人民民主，坚持党的领导、人民当家作主、依法治国有机统一，健全人民当家作主制度体系，实现人民意志，保障人民权益，充分激发全体人民的积极性主动性创造性。

——2023年3月13日，习近平在第十四届全国人民代表大会第一次会议上的讲话

2. 爱国统一战线是党的总路线总政策的重要组成部分

▌重点法条▌

《宪法》序言第十段　社会主义的建设事业必须依靠工人、农民和知识分子，团结一切可以团结的力量。在长期的革命、建设、改革过程中，已经结成由中国共产党领导的，有各民主党派和各人民团体参加的，包括全体社会主义劳动者、社会主义事业的建设者、拥护社会主义的爱国者、拥护祖国统一和致力于中华民族伟大复兴的爱国者的广泛的爱国统一战线，这个统一战线将继续巩固和发展。

‖ 条文解读 ‖

统一战线是中国共产党凝聚人心、汇聚力量的政治优势和战略方针，是夺取革命、建设、改革事业胜利的重要法宝。党的十八大以来，以习近平同志为核心的党中央高度重视统一战线工作，先后召开了中央统战工作会议、中央民族工作会议、全国宗教工作会议、第二次中央新疆工作座谈会、中央第六次西藏工作座谈会和全国新的社会阶层人士统战工作会议，颁布了我们党关于统一战线的第一部党内法规《中国共产党统一战线工作条例（试行）》，出台了一批重要的规范性文件，领导和推动统一战线不断创新发展、巩固壮大，在中国特色社会主义事业中发挥了重要作用。据此，宪法修正案进一步充实和完善爱国统一战线和社会主义民族关系的内容，为做好新时代统一战线工作提供了根本遵循。

‖ 习近平法治思想指引 ‖

统一战线是党克敌制胜、执政兴国的重要法宝，是团结海内外全体中华儿女实现中华民族伟大复兴的重要法宝，必须长期坚持。人心向背、力量对比是决定党和人民事业成败的关键，是最大的政治。统战工作的本质要求是大团结大联合，解决的就是人心和力量问题。关键是要坚持求同存异，发扬"团结—批评—团结"的优良传统，在尊重多样性中寻求一致性，找到最大公约数、画出最大同心圆。统一战线是党领导的统一战线，要确保党对统战工作全面领导。统战工作是全党的工作，必须全党重视，大家共同来做，构建党委统一领导、统战部门牵头协调、有关方面各负其责的大统战工作格局。

——2022年7月29日至30日，中央统战工作会议在京召开，习近平发表重要讲话

3. 中国共产党领导的多党合作和政治协商制度是我国的基本政治制度

‖ 重点法条 ‖

《宪法》序言第十段　中国人民政治协商会议是有广泛代表性的统一

战线组织，过去发挥了重要的历史作用，今后在国家政治生活、社会生活和对外友好活动中，在进行社会主义现代化建设、维护国家的统一和团结的斗争中，将进一步发挥它的重要作用。中国共产党领导的多党合作和政治协商制度将长期存在和发展。

条文解读

中国共产党领导的多党合作和政治协商制度是中华人民共和国的一项基本政治制度，是具有中国特色的政党制度。中国共产党和各民主党派团结合作，互相监督，共同致力于建设有中国特色的社会主义和统一祖国、振兴中华的伟大事业。该制度不同于西方资本主义国家的多党制或两党制，也有别于一些社会主义国家实行的一党制。它是马克思列宁主义同中国革命与建设相结合的成果，是符合中国国情的社会主义政党制度。坚持和完善这项制度，是我国政治体制改革的一项重要内容，对巩固扩大爱国统一战线、发扬社会主义民主、促进全国各族人民大团结、实现党和国家的总任务具有重要意义。

"长期共存、互相监督、肝胆相照、荣辱与共"，是中国共产党领导的多党合作和政治协商制度的基本方针。中国共产党处于执政党的地位，掌握着拥有14亿多人口的国家政权，非常需要听到各种意见和批评，接受广大人民群众的监督。各民主党派是反映人民群众意见、发挥监督作用的一条重要渠道。充分发挥和加强民主党派参政议政和监督的作用，对于加强和改善共产党的领导、推进社会主义民主政治建设、保持国家长治久安、促进改革开放和现代化建设事业的发展具有重要的意义。我国是人民民主专政的社会主义国家。中国共产党是社会主义事业的领导核心，各民主党派是各自所联系的一部分社会主义劳动者和一部分拥护社会主义的爱国者的政治联盟，是接受中国共产党领导的，同中国共产党通力合作、共同致力于社会主义事业的亲密友党。

我国的多党合作和政治协商制度必须坚持中国共产党的领导，必须坚持四项基本原则，这是中国共产党同各民主党派合作的政治基础。中国共产党对各民主党派的领导是政治领导，即政治原则、政治方向和重大方针政策的领导。多党合作和政治协商制度要求加强和改善对民主党派的领导，进一步加强和发展同民主党派的合作，支持各民主党派为社会主义物质文明和精神文明建设服务，为推进"一国两制"、实现祖国统一服务。

▌习近平法治思想指引▌

协商民主是实践全过程人民民主的重要形式。完善协商民主体系，统筹推进政党协商、人大协商、政府协商、政协协商、人民团体协商、基层协商以及社会组织协商，健全各种制度化协商平台，推进协商民主广泛多层制度化发展。坚持和完善中国共产党领导的多党合作和政治协商制度，坚持党的领导、统一战线、协商民主有机结合，坚持发扬民主和增进团结相互贯通、建言资政和凝聚共识双向发力，发挥人民政协作为专门协商机构作用，加强制度化、规范化、程序化等功能建设，提高深度协商互动、意见充分表达、广泛凝聚共识水平，完善人民政协民主监督和委员联系界别群众制度机制。

——2022年10月16日，习近平在中国共产党第二十次全国代表大会上的报告

70年的实践证明，人民政协制度具有多方面的独特优势。马克思、恩格斯说过："民主是什么呢？它必须具备一定的意义，否则它就不能存在。因此全部问题在于确定民主的真正意义。"实现民主政治的形式是丰富多彩的，不能拘泥于刻板的模式。实践充分证明，中国式民主在中国行得通、很管用。新形势下，我们必须把人民政协制度坚持好、把人民政协事业发展好，增强开展统一战线工作的责任担当，把更多的人团结在党的周围。

——2019年9月20日，习近平在中央政协工作会议暨庆祝中国人民政治协商会议成立70周年大会上的重要讲话

4. 社会主义市场经济体制是我国的基本经济制度

▌重点法条▌

《宪法》第六条　中华人民共和国的社会主义经济制度的基础是生产资料的社会主义公有制，即全民所有制和劳动群众集体所有制。社会主义公有制消灭人剥削人的制度，实行各尽所能、按劳分配的原则。

国家在社会主义初级阶段，坚持公有制为主体、多种所有制经济共同

发展的基本经济制度。

‖ 条文解读 ‖

我国的经济制度是社会主义的经济制度，它的基础是生产资料的社会主义公有制。在中国共产党领导人民推翻了人剥削人的封建主义制度，建立了社会主义制度后，社会主义生产的目的就不再是满足少数人获得财产的欲望，而是为了满足全体人民日益增长的物质和文化生产的需要，使人民成为国家和社会的主人。要实现这一生产目的，就必须实行生产资料的社会主义公有制。1949年人民民主专政政权建立后，我国先后经过了取消帝国主义在华特权和没收官僚资本，对民族资本主义经济实行赎买，以及对农业和手工业经济进行社会主义改造三个阶段，最终建立和发展了社会主义公有制经济。党的十八届三中全会指出：经济体制改革是全面深化改革的重点，核心问题是处理好政府和市场的关系，使市场在资源配置中起决定性作用和更好发挥政府作用。这是会议通过的《中共中央关于全面深化改革若干重大问题的决定》提出的一个重大理论创新。在现代市场经济体系中，政府和市场是相互关联的两个重要组成部分，政府是经济管理和调控主体，市场是配置各类经济资源的基础环节、媒介产权产品和其他要素交换活动的基本场所。政府和市场的关系，决定着市场经济体制的基本走向和运行质量。政府行为往往表现为经济管理和宏观调控，市场功能往往表现为供求、价格自发调节和自由竞争，两者紧密关联、相互交织、缺一不可。

‖ 习近平法治思想指引 ‖

实行公有制为主体、多种所有制经济共同发展的基本经济制度，是中国共产党确立的一项大政方针，是中国特色社会主义制度的重要组成部分，也是完善社会主义市场经济体制的必然要求。……非公有制经济在我国经济社会发展中的地位和作用没有变，我们鼓励、支持、引导非公有制经济发展的方针政策没有变，我们致力于为非公有制经济发展营造良好环境和提供更多机会的方针政策没有变。

——2016年3月4日，习近平在看望参加政协会议的民建工商联界委员时的讲话

5. 坚持按劳分配为主体、多种分配方式并存是我国现阶段的分配制度

‖ 重点法条 ‖

> 《宪法》第六条第二款　国家在社会主义初级阶段，坚持公有制为主体、多种所有制经济共同发展的基本经济制度，坚持按劳分配为主体、多种分配方式并存的分配制度。

‖ 条文解读 ‖

党的十一届三中全会以来，我们在改革分配制度的实践中认识到，我国社会主义初级阶段的个人收入分配，必须坚持按劳分配为主体、多种分配方式并存的分配制度，把按劳分配和按生产要素分配结合起来，坚持效率优先、兼顾公平，允许一部分地区一部分人先富起来，带动和帮助后富，逐步走向共同富裕。为什么要实行按劳分配为主体、多种分配方式并存的分配制度呢？第一，在社会主义初级阶段，除了公有制经济之外，还存在着混合所有制经济和非公有制经济，在按劳分配之外，就不可避免地存在着各种形式的非按劳分配方式。

理顺社会主义初级阶段的分配制度，事关广大人民群众的切身利益和积极性的发挥。为此，党的十六大报告提出，要深化分配制度改革，调整和规范国家、企业和个人的分配关系，确立劳动、资本、技术和管理等生产要素按贡献参与分配的原则，完善按劳分配为主体、多种分配方式并存的分配制度。如何完善按劳分配为主体、多种分配方式并存的分配制度呢？一是坚持效率优先、兼顾公平，既要提倡奉献精神，又要落实分配政策，既要反对平均主义，又要防止收入悬殊。二是初次分配注重效率，发挥市场的作用，鼓励一部分人通过诚实劳动、合法经营先富起来。三是再分配注重公平，加强政府对收入分配的调节功能，调节差距过大的收入。四是规范分配秩序，合理调节少数垄断行业的过高收入，取缔非法收入。五是以共同富裕为目标，扩大中等收入者比重，提高低收入者水平。

习近平法治思想指引

从我国实际出发，我们确立了按劳分配为主体、多种分配方式并存的分配制度。实践证明，这一制度安排有利于调动各方面积极性，有利于实现效率和公平有机统一。由于种种原因，目前我国收入分配中还存在一些突出的问题，主要是收入差距拉大、劳动报酬在初次分配中的比重较低、居民收入在国民收入分配中的比重偏低。对此，我们要高度重视，努力推动居民收入增长和经济增长同步、劳动报酬提高和劳动生产率提高同步，不断健全体制机制和具体政策，调整国民收入分配格局，持续增加城乡居民收入，不断缩小收入差距。

——习近平：《论把握新发展阶段、贯彻新发展理念、构建新发展格局》，中央文献出版社，2021年版

分配制度是促进共同富裕的基础性制度。坚持按劳分配为主体、多种分配方式并存，构建初次分配、再分配、第三次分配协调配套的制度体系。努力提高居民收入在国民收入分配中的比重，提高劳动报酬在初次分配中的比重。坚持多劳多得，鼓励勤劳致富，促进机会公平，增加低收入者收入，扩大中等收入群体。完善按要素分配政策制度，探索多种渠道增加中低收入群众要素收入，多渠道增加城乡居民财产性收入。加大税收、社会保障、转移支付等的调节力度。完善个人所得税制度，规范收入分配秩序，规范财富积累机制，保护合法收入，调节过高收入，取缔非法收入。引导、支持有意愿有能力的企业、社会组织和个人积极参与公益慈善事业。

——2022年10月16日，习近平在中国共产党第二十次全国代表大会上的报告

6. 人民代表大会制度是我国的根本政治制度，是中国人民当家作主的根本途径和最高实现形式

重点法条

《宪法》第二条 中华人民共和国的一切权力属于人民。

人民行使国家权力的机关是全国人民代表大会和地方各级人民代表大会。

> 《宪法》第五十七条　中华人民共和国全国人民代表大会是最高国家权力机关。

条文解读

第一，人民代表大会制度是中国共产党领导人民根据中国的实际情况，在长期的革命与建设历程中创造和发展起来的，具有深厚的历史基础和现实基础。第二，人民代表大会制度是由我国人民民主专政的国家性质决定的。我们国家的性质是工人阶级领导的、以工农联盟为基础的人民民主专政。人民民主专政的性质要求国家的政权组织形式反映国家的阶级本质，反映工人阶级的领导地位，反映各阶级、各阶层在国家政权体制中的实际力量对比。而人民代表大会的形式最能直接和全面地反映这种实际的力量对比关系。在人民代表大会制度的体制下，全体人民通过广泛选举产生各方面的代表，组成全国人民代表大会和地方各级人民代表大会，参与国家的政权建设，可以有效地肯定工人阶级的领导地位，表明全国各阶级、各阶层、各方面和各族人民在国家和社会生活中的地位。第三，人民代表大会制度是人民当家作主的最好形式。在我们这样一个人口众多，地方发展很不平衡的国家，全体人民不能直接去行使各项国家权力。在人民代表大会与其他国家政权机关的关系上，国家的行政机关、审判机关、检察机关和军事机关，都由人民代表大会产生，对人民代表大会负责，受人民代表大会监督，人民代表大会在国家的政权体制中处于核心和主导地位。这样一个政权体制充分体现了国家的一切权力属于人民的原则，最有利于人民当家作主。第四，中国不实行"三权分立"的体制。西方资本主义国家实行的立法、行政、司法"三权分立"的体制，是资产阶级的政权组织形式，已经被中国近代的革命实践证明是不适合中国国情的。在中国革命和建设的历史进程中，已经形成了由中国共产党领导的，有各民主党派和各人民团体参加的，包括全体社会主义劳动者、社会主义事业的建设者、拥护社会主义的爱国者、拥护祖国统一和致力于中华民族伟大复兴的爱国者的广泛的爱国统一战线，形成了中国共产党领导的多党合作和政治协商制度。这是我国政治生活的显著特色。我国实行人民代表大会制度，在中国共产党的领导下，这个广泛的爱国统一战线的成员，可以从不同的方面，以不同的方式和程度，通过全国人民代表大会和地方各级人民代表大会参与到国家政治生活中来，落实为人民服务的宗旨。

‖ 习近平法治思想指引 ‖

人民代表大会制度之所以具有强大生命力和显著优越性，关键在于它深深植根于人民之中。我们国家的名称，我们各级国家机关的名称，都冠以"人民"的称号，这是我们对中国社会主义政权的基本定位。中国260多万各级人大代表，都要忠实代表人民利益和意志，依法参加行使国家权力。各级国家机关及其工作人员，不论做何种工作，说到底都是为人民服务。这一基本定位，什么时候都不能含糊、不能淡化。

——2014年9月5日，习近平在庆祝全国人民代表大会成立60周年大会上的讲话

人民代表大会制度，坚持中国共产党领导，坚持马克思主义国家学说的基本原则，适应人民民主专政的国体，有效保证国家沿着社会主义道路前进。人民代表大会制度，坚持国家一切权力属于人民，最大限度保障人民当家作主，把党的领导、人民当家作主、依法治国有机统一起来，有效保证国家治理跳出治乱兴衰的历史周期率。

——2021年10月13日，习近平在中央人大工作会议上的讲话

7. 我国的选举制度具有普遍性、平等性

‖ 重点法条 ‖

《宪法》第三十四条 中华人民共和国年满十八周岁的公民，不分民族、种族、性别、职业、家庭出身、宗教信仰、教育程度、财产状况、居住期限，都有选举权和被选举权；但是依照法律被剥夺政治权利的人除外。

《宪法》第六十条 全国人民代表大会每届任期五年。

全国人民代表大会任期届满的两个月以前，全国人民代表大会常务委员会必须完成下届全国人民代表大会代表的选举。

《宪法》第七十九条 中华人民共和国主席、副主席由全国人民代表大会选举。

> 有选举权和被选举权的年满四十五周岁的中华人民共和国公民可以被选为中华人民共和国主席、副主席。
> 《宪法》第九十七条第一款　省、直辖市、设区的市的人民代表大会代表由下一级的人民代表大会选举；县、不设区的市、市辖区、乡、民族乡、镇的人民代表大会代表由选民直接选举。

▊条文解读▊

根据我国《宪法》和《选举法》的规定，凡年满18周岁的中华人民共和国公民，除依法被剥夺政治权利的人以外，不分民族、种族、性别、职业、家庭出身、宗教信仰、教育程度、财产状况和居住期限，都享有选举权和被选举权。由此可见，在我国享有选举权的基本条件有三：（1）具有中国国籍，是中华人民共和国公民；（2）年满18周岁；（3）依法享有政治权利。此外，根据1983年《全国人民代表大会常务委员会关于县级以下人民代表大会代表直接选举的若干规定》，下列人员准予行使选举权利：被判处有期徒刑、拘役、管制而没有被剥夺政治权利的；被羁押，正在受侦查、起诉、审判，人民检察院或者人民法院没有决定停止当事人行使选举权利的；正在取保候审或者被监视居住的；正在被劳动教养的；正在受拘留处罚的。根据《全国人民代表大会和地方各级人民代表大会选举法》第二十六条第二款规定："精神病患者不能行使选举权利的，经选举委员会确认，不列入选民名单。"

选举权的平等性是指每个选民在每次选举中只能在一个地方享有一个投票权，不承认也不允许任何选民因民族、种族、职业、财产状况、家庭出身、居住期限的不同而在选举中享有特权，更不允许非法限制或者歧视任何选民对选举权的行使。这是"公民在法律面前一律平等"原则在选举制度中的具体体现。选举权的平等性原则的要求主要表现在：（1）除法律规定当选人应具有的条件外，选民平等地享有选举权和被选举权；（2）在一次选举中选民平等地拥有相同的投票权；（3）每一个代表所代表的选民人数相同；（4）一切代表在代表机关具有平等的法律地位；（5）对在选举中处于弱者地位的选民进行特殊的保护性规定，也是选举权平等性的表现。

习近平法治思想指引

选举人大代表，是人民代表大会制度的基础，是人民当家作主的重要体现。要把民主选举、民主协商、民主决策、民主管理、民主监督各个环节贯通起来，不断发展全过程人民民主，更好保证人民当家作主。

——2021 年 11 月 5 日，习近平在北京市西城区中南海选区怀仁堂投票站参加区人大代表选举投票时强调

8. 我国实行单一制的国家结构形式

重点法条

《宪法》序言第十一段　中华人民共和国是全国各族人民共同缔造的统一的多民族国家。

《宪法》第三条第四款　中央和地方的国家机构职权的划分，遵循在中央的统一领导下，充分发挥地方的主动性、积极性的原则。

条文解读

中国作为实行单一制的大国，具有深厚的历史根基。自秦王朝开始，中国便成为统一的多民族国家。"海内为郡县，法令由一统。"通过中央集权体制，国家的各个部分被联结起来。尽管历史上曾经有过分裂，但将国家重新统一起来的本体长期延续。近代以来，面对外部挑战，只有将全国人民团结起来才能争取民族独立，获得完整的国家主权。

中华人民共和国成立后实行单一制国家结构，并在中国式现代化进程中具有历史的跨越性，形成了新的形态。一是实行民主集中制，实现了"人民的民主的统一"。二是坚持中国共产党的领导，将各种具体利益凝聚为全国人民的根本利益，维护国家的整体性和统一性。三是实行民族区域自治制度和特别行政区制度，解决了如何将历史文化共同体与政治领土共同体融为一体的世界性难题，开创了国家整体与少数地方特殊关系的新格局。四是以现代化建设巩固国家统一，使得中国共产党领导和社会主义获得稳固基础，经受住了内外挑战。五是发挥两个积极性并进行有效整合，形成了既有充分活力的地方自主性，又能通过中央宏观调控获得统一性的良性互动格局。

习近平法治思想指引

我国是单一制国家，维护国家法治统一至关重要。2015年立法法修改，赋予设区的市地方立法权，地方立法工作有了积极进展，总体情况是好的，但有的地方也存在违背上位法规定、立法"放水"等问题，影响很不好。要加强宪法实施和监督，推进合宪性审查工作，对一切违反宪法法律的法规、规范性文件必须坚决予以纠正和撤销。同时，地方立法要有地方特色，需要几条就定几条，能用三五条解决问题就不要搞"鸿篇巨制"，关键是吃透党中央精神，从地方实际出发，解决突出问题。

——2020年11月16日，习近平在中央全面依法治国工作会议上的讲话

9. 民族区域自治制度

重点法条

> 《宪法》第四条第三款　各少数民族聚居的地方实行区域自治，设立自治机关，行使自治权。各民族自治地方都是中华人民共和国不可分离的部分。

条文解读

民族区域自治是中国共产党运用马克思列宁主义解决我国民族问题的基本政策。民族区域自治制度是国家的一项基本政治制度。彭真同志在《关于中华人民共和国宪法修改草案的报告》中说："在统一的国家内实行民族区域自治，既能保障各少数民族的合法的权利和利益，加速各少数民族地区经济和文化的发展，又能抵御外来的侵略和颠覆，保障整个国家的独立和繁荣。"中华人民共和国成立以来的实践也表明，实行民族区域自治制度，对发挥各民族人民当家作主的积极性，发展平等、团结、互助的社会主义民族关系，维护和巩固国家的统一，促进民族自治地方各项建设事业的发展，促进各民族的共同繁荣和发展，都起到了巨大的作用。现行宪法确立民族区域自治制度，体现了维护国家统一的重要性，体现了国家充分尊重和保障各少数民族管理本民族内部事务权利的精神，体现了国家坚持实行各民族平等、团结和共同繁荣的原则。

根据本条的规定，民族区域自治，是指在国家统一领导下，各少数民族聚居的地方实行区域自治，设立自治机关，行使自治权。具体地说，民族区域自治具有以下几个特征：一是各民族自治地方都是中华人民共和国不可分离的部分，各民族自治地方的自治机关都是在中央统一领导下的一级地方国家政权；二是以少数民族聚居地为基础，设立民族自治地方；三是民族自治地方设立自治机关，行使自治权，管理本民族自治地方的事务。根据宪法和民族区域自治法等法律的规定，民族自治地方的自治机关是民族自治地方的人民代表大会和人民政府。民族自治地方享有广泛的自治权。主要包括：（1）依照当地民族的政治、经济和文化的特点，制定自治条例和单行条例，对于上级机关不适合民族自治地方的决议、决定、命令和指示，报经上级机关批准，可以变通或者停止执行；（2）自主管理民族自治地方的财政；（3）自主管理和安排民族自治地方的经济建设事业；（4）自主管理民族自治地方的教育、科学、文化、卫生和体育等事业；（5）自主使用和发展自己的语言文字，保持或者改革自己的风俗习惯等。宪法和民族区域自治法等法律有关民族自治地方自治权的规定，是实行民族区域自治、保证少数民族人民充分行使当家作主权利的重要保障。

习近平法治思想指引

以铸牢中华民族共同体意识为主线，坚定不移走中国特色解决民族问题的正确道路，坚持和完善民族区域自治制度，加强和改进党的民族工作，全面推进民族团结进步事业。

——2022年10月16日，习近平在中国共产党第二十次全国代表大会上的报告

铸牢中华民族共同体意识，就是要引导各族人民牢固树立休戚与共、荣辱与共、生死与共、命运与共的共同体理念。要全面贯彻党的二十大部署，准确把握党的民族工作新的阶段性特征，把铸牢中华民族共同体意识作为党的民族工作和民族地区各项工作的主线，不断加强和改进党的民族工作，扎实推进民族团结进步事业，推进新时代党的民族工作高质量发展。

——2023年10月27日，习近平在中共中央政治局第九次集体学习时的讲话

10. 我国在必要时设立特别行政区，坚持"一国两制"的基本原则

▍重点法条 ▍

《宪法》第三十一条　国家在必要时得设立特别行政区。在特别行政区内实行的制度按照具体情况由全国人民代表大会以法律规定。

▍条文解读 ▍

特别行政区是中华人民共和国不可分离的一部分。第七届全国人民代表大会第三次会议和第八届全国人民代表大会第一次会议分别通过了《香港特别行政区基本法》和《澳门特别行政区基本法》，对中央与香港特别行政区和澳门特别行政区的关系，香港特别行政区和澳门特别行政区居民的基本权利和义务，香港特别行政区和澳门特别行政区的社会制度、政治制度、经济制度、文化制度等一系列事项作出规定，是两个特别行政区实行高度自治的最重要的法律依据。

▍习近平法治思想指引 ▍

"一国两制"是中国特色社会主义的伟大创举，是香港、澳门回归后保持长期繁荣稳定的最佳制度安排，必须长期坚持。全面准确、坚定不移贯彻"一国两制"、"港人治港"、"澳人治澳"、高度自治的方针，坚持依法治港治澳，维护宪法和基本法确定的特别行政区宪制秩序。坚持和完善"一国两制"制度体系，落实中央全面管治权，落实"爱国者治港"、"爱国者治澳"原则，落实特别行政区维护国家安全的法律制度和执行机制。……保持香港、澳门资本主义制度和生活方式长期不变，促进香港、澳门长期繁荣稳定。支持香港、澳门发展经济、改善民生、破解经济社会发展中的深层次矛盾和问题。发挥香港、澳门优势和特点，巩固提升香港、澳门在国际金融、贸易、航运航空、创新科技、文化旅游等领域的地位，深化香港、澳门同各国各地区更加开放、更加密切的交往合作。推进粤港澳大湾区建设，支持香港、澳门更好融入国家发展大局，为实现中华民族伟大复兴更好发挥作用。

——2022年10月16日，习近平在中国共产党第二十次全国代表大会上的报告

11. 基层群众自治制度是中国特色社会主义政治制度体系的重要组成部分，是人民当家作主的一项基本政治制度

▎重点法条 ▎

《宪法》第一百一十一条第一款　城市和农村按居民居住地区设立的居民委员会或者村民委员会是基层群众性自治组织。居民委员会、村民委员会的主任、副主任和委员由居民选举。居民委员会、村民委员会同基层政权的相互关系由法律规定。

▎条文解读 ▎

基层群众自治制度是中国特色社会主义政治制度体系的重要组成部分，是人民当家作主的一项基本政治制度，其根本就是党领导广大人民群众在基层经济、政治、文化和社会生活领域直接行使民主权利，管理基层公共事务和公益事业，实行自我管理、自我服务、自我教育、自我监督，主要表现形式为居民自治和村民自治。党的十七大报告明确提出，把基层群众自治制度确立为我国民主政治的四项制度之一，把坚持和完善基层群众自治制度作为坚持中国特色社会主义政治发展道路的重要内容，这是我们党的一个重大决策，是对基层群众自治制度地位的重大提升。党的二十届三中全会强调，要发展全过程人民民主，健全基层民主制度，这对凝聚起以中国式现代化全面推进强国建设、民族复兴伟业的磅礴力量，具有十分重要的意义。按照宪法，在农村建立基层群众性自治组织村民委员会，实行基层群众自治，是我国社会主义民主政治的一项重要制度，是人民当家作主的一个重要方面。广大农民通过民主选举、民主决策、民主管理和民主监督，实行村民自治，做到自我管理、自我服务、自我教育、自我监督。农村的民主政治建设搞好了，对整个国家的民主建设必将产生巨大的推动作用。农村村民自治推行10多年来，取得了巨大的成绩。但是，由于我国有几千年的封建传统，农村经济、文化发展水平还比较落后，农民的民主意识还有待提高，还有一些农村干部对农村村民自治的认识不够，农村村民自治在有些地方执行得还不尽如人意。因此，要进一步健全和完善村民自治制度，保障村民自治，发展农村

基层直接民主。

▍习近平法治思想指引 ▍

　　基层民主是全过程人民民主的重要体现。健全基层党组织领导的基层群众自治机制，加强基层组织建设，完善基层直接民主制度体系和工作体系，增强城乡社区群众自我管理、自我服务、自我教育、自我监督的实效。完善办事公开制度，拓宽基层各类群体有序参与基层治理渠道，保障人民依法管理基层公共事务和公益事业。全心全意依靠工人阶级，健全以职工代表大会为基本形式的企事业单位民主管理制度，维护职工合法权益。

　　——2022年10月16日，习近平在中国共产党第二十次全国代表大会上的报告

12. 中华人民共和国国旗

▍重点法条 ▍

《宪法》第一百四十一条第一款　中华人民共和国国旗是五星红旗。

▍条文解读 ▍

　　国旗是国家的象征和标志，代表着国家的主权和民族尊严，是国家的历史传统和民族精神的体现。我国的国旗为五星红旗，旗面为红色，长方形，其长与高为三与二之比，旗面左上方缀黄色五角星五颗。一星较大，其外接圆直径为旗高十分之三，居左；四星较小，其外接圆直径为旗高十分之一，环拱于大星之右；旗杆套为白色。旗面的红色象征革命；旗上的五颗五角星及相互关系象征中国共产党领导下的革命人民大团结；星用黄色是为着在红底上显出光明，黄色较白色明亮美丽；四颗小五角星各有一角尖正对着大星的中心点，这表示围绕着一个中心而团结，在形式上也显得紧凑美观。

　　我国国旗是在1949年9月召开的中国人民政治协商会议第一届全体会议上正式确定的。当时表述为"红地五星旗"，1954年宪法正式以"五星红旗"表述，并明确它是中华人民共和国国旗，以后的三部宪法都作了同样的规定。

典型案例

2020年8月8日，国旗法修正草案提请十三届全国人大常委会第二十一次会议审议，涉及增加升挂国旗的场合、规范国旗的使用、强化国旗宣传教育等多个方面，国家标志制度有望进一步完善。党的十八大以来，以习近平同志为核心的党中央高度重视国家仪典、国家标志方面的立法，相继制定《国歌法》《国家勋章和国家荣誉称号法》《英雄烈士保护法》等重要法律，修改《国旗法》，完善国家标志制度，有利于强化公民的国家意识和爱国主义精神，有利于培育和践行社会主义核心价值观，发展社会主义先进文化，有利于推进国家治理体系和治理能力现代化。

案例解读

这一次的修改不仅是我国国旗和国徽法律制度的完善，也是我国宪法实施和宪法遵守的重要体现。主要有三个方面的意义：第一个方面是完善了宪法中的国家标志体系。我国宪法第四章用了三个条文规定国家标志，明确地规定国家的标志是四个，第一个是国旗，第二个是国歌，第三个是国徽，第四个是首都，为立法机关提供了立法依据。全国人大常委会制定了《国旗法》《国歌法》与《国徽法》，对这一制度进行了具体化。第二个方面是进一步加强对国家标志使用的权威性与严肃性。国家标志的使用必须体现国家的尊严和权威。国旗国徽的尊严和权威，同时也体现了宪法的尊严和权威。第三个方面是突出加强国旗国徽的宣传教育功能，目的是强化国民的国家意识和宪法意识，树立公民的爱国主义精神，弘扬社会主义核心价值观。国旗国徽的使用与管理从国家机关向中小学和居民小区的拓展，说明我们国家、全国人大对国旗国徽的宣传教育功能的重视，希望通过《国旗法》《国徽法》的修改突出这一功能，树立公民的爱国主义精神。

13. 中华人民共和国国歌

重点法条

《宪法》第一百四十一条第二款　中华人民共和国国歌是《义勇军进行曲》。

▌条文解读 ▌

国歌是代表国家的歌曲。中华人民共和国国歌为《义勇军进行曲》，诞生于1935年，由剧作家田汉作词，中国新音乐运动的创始人聂耳作曲。这首歌原为电影《风云儿女》的主题曲。影片《风云儿女》描写的是九一八事变之后，日本侵占了中国的东北三省，中华民族处于生死存亡的危急关头，一些知识分子从苦闷、彷徨中勇敢走向抗日前线。歌曲随电影的放映，更由于救亡运动的开展，流传于全国每一个角落，被称为中华民族解放的号角。

1949年9月，中国人民政治协商会议第一届全体会议决定，在中华人民共和国的国歌未正式制定前，以《义勇军进行曲》为国歌。1982年12月，五届全国人大五次会议根据许多代表和各界人士的意见，决定撤销1978年全国人大通过的修改中华人民共和国国歌的决定，恢复原来的国歌词，恢复《义勇军进行曲》为中华人民共和国国歌。

▌典型案例 ▌

2018年10月13日，杨某在其住宅内直播时，篡改国歌曲谱，以嬉皮笑脸的方式表现国歌内容，并将国歌作为自己所谓"网络音乐会"的"开幕曲"。上海市公安局静安分局依法对杨某处以行政拘留5日。《国歌法》第十五条规定，在公共场合，故意篡改国歌歌词、曲谱，以歪曲、贬损方式奏唱国歌，或者以其他方式侮辱国歌的，由公安机关处以警告或者十五日以下拘留；构成犯罪的，依法追究刑事责任。

▌案例解读 ▌

2004年3月第十届全国人大第二次会议通过的《宪法（修正案）》规定：中华人民共和国国歌是《义勇军进行曲》。其赋予国歌与国旗、国徽同样的宪法地位。2017年9月1日，十二届全国人大常委会第二十九次会议表决通过了《中华人民共和国国歌法》，《国歌法》正式诞生。根据《国歌法》第十五条，在公共场合，故意篡改国歌歌词、曲谱，以歪曲、贬损方式奏唱国歌，或者以其他方式侮辱国歌的，由公安机关处以警告或者十五日以下拘留；构成犯罪的，依法追究刑事责任。国歌是国家的象征和标志，所有公民和组织都应当尊重国歌，维护国歌尊严。网络直播空间不是法外之地，同样要遵守宪法与法律的规定。

14. 中华人民共和国国徽

‖ 重点法条 ‖

《宪法》第一百四十二条　中华人民共和国国徽，中间是五星照耀下的天安门，周围是谷穗和齿轮。

‖ 条文解读 ‖

国徽是国家特有的标志和象征，以特定的图案形式来表现，代表着国家的主权和民族的尊严。我国的国徽呈圆形，内容为国旗、天安门、齿轮和麦稻穗。中心部分是红底上的金色天安门城楼。城楼正中上方是一颗大的金色五角星；大星下边，以半弧形形状环拱四颗小的金色五角星。在国徽的四周，是由两把金色谷穗组成的正圆形的环。在麦稻秆的交叉点上，是一个圆形齿轮。齿轮的中心交结着红色绶带。绶带向左右绾住麦稻而下垂，把齿轮分成了上下两部分。

国徽中以天安门作图案，表明中国人民从1919年五四运动以来进行的新民主主义革命斗争的胜利和中华人民共和国的诞生。天安门图案表现了我国各族人民的革命传统和民族精神；国徽中用齿轮和谷穗环绕周围，表明我国的国家性质是工人阶级领导的、以工农联盟为基础的人民民主国家；国徽中的五个五角星取自国旗中的五星，象征着中国共产党领导下的人民大团结。因此，国徽象征着中国人民自五四运动以来的新民主主义革命斗争和工人阶级领导的、以工农联盟为基础的人民民主专政的新中国的诞生。

‖ 典型案例 ‖

2020年8月8日，国徽法修正草案提请十三届全国人大常委会第二十一次会议审议，涉及增加悬挂国徽的场合、规范国徽的使用、强化国徽宣传教育等多个方面，国家标志制度有望进一步完善。现行《国徽法》对悬挂国徽的时间、场合规定较为笼统，修正草案对此作出进一步细化，强化了悬挂国徽的权威性和严肃性。该修正草案明确相关规范，有助于强化相关部门和单位悬挂国徽的法律意识。

案例解读

《国徽法》的修改，完善了国徽使用方面的内容。主要分为三个方面：第一个方面是加强了国家权力机构或者场所的国徽使用的一些规定。第二个方面是进一步明确了象征国家主权的标志物上要使用国徽，中国人民银行发行的法定货币上要带有国徽，法定证件上也要有国徽。将实践中的一些具体关于国徽使用的举措进一步法律化。第三个方面是在《国徽法》实施的过程中，宣传教育与监督管理都有所加强，如中小学新闻媒体要宣传国徽等等。但修改后的《国徽法》存在一些不足之处，主要有三点：一是第十条第四款规定的国家机关和武装力量的徽章可以将国徽图案作为核心图案，但并未明确国家机关的范围，也并没有明确其徽章是否属于国徽，能否由《国徽法》管辖。二是第十条第五款规定公民在庄重场合可以佩戴国徽徽章，表达爱国情感。这就对于《国徽法》和《国旗法》的不同之处强调太多。国徽不仅代表着国家，而且还代表着国家权力，《国徽法》对于国徽的使用明显是要更严格的。《国徽法》第十三条规定了国徽及其图案不得用于商标、授予专利权的外观设计、商业广告，日常用品、日常生活的陈设布置，私人庆吊活动，国务院办公厅规定不得使用国徽及其图案的其他场合。较国旗的使用规定更为严格。三是《国徽法》第十八条规定了对侮辱国徽的行为要追究刑事责任，较轻的处十五日以下的拘留。

15. 中华人民共和国首都

重点法条

《宪法》第一百四十三条　中华人民共和国首都是北京。

条文解读

首都也称国都、首府，我国古代还称京城、京师。现代各国都明确规定自己的首都所在地，并且一般只有一个，通常是一国的政治中心，国家最高领导机关的所在地，外国驻该国的大使馆所在地。

我国首都是北京。1949年9月27日中国人民政治协商会议第一届全体会议确定，中华人民共和国国都定于北平。自即日起，改名北平为北京。1954年宪法继续确认了这个决议，但将"国都"改称为"首都"，后来三部宪法也作了相同的规定。

1949年3月25日，中共中央和中国人民解放军总部从西柏坡迁到北平。在中国人民政治协商会议将北京定为首都后，北京从此成为新中国的政治中心。它是中国共产党中央委员会、全国人大常委会、国务院、中央军事委员会、中国人民政治协商会议全国委员会等党和国家领导机关的所在地，这里也云集了世界各国驻中国的大使馆。

第三编　公民的基本权利和义务

1. 平等权是公民行使其他权利的基础

▌重点法条 ▌

《宪法》第三十三条　凡具有中华人民共和国国籍的人都是中华人民共和国公民。

中华人民共和国公民在法律面前一律平等。

国家尊重和保障人权。

任何公民享有宪法和法律规定的权利，同时必须履行宪法和法律规定的义务。

▌条文解读 ▌

《宪法》第三十三条由四款构成："凡具有中华人民共和国国籍的人都是中华人民共和国公民。""中华人民共和国公民在法律面前一律平等。""国家尊重和保障人权。""任何公民享有宪法和法律规定的权利，同时必须履行宪法和法律规定的义务。"其中，第一款规定了公民的主体资格，第二款规定了平等权的基本内容，第三款是人权的概括性条款，第四款规定了权利与义务的相互关系。

第一，法律面前人人平等。在现代法治社会中，平等权首先体现为法律面前人人平等的宪法原则。从现行《宪法》第三十三条规定来看，法律面前平等意味着公民通过法律获得同等的待遇，行使权利和履行义务平等，不允许其因性别、身份职业等因素不同而享有特权。具体内容包括：所有公民平等地享有权利和平等地履行义务；所有公民都要遵守法律，不允许有超越法律规定的任何特权；所有公民在司法上一律平等，即法律适用上的平等；法律规定公民在平等条件下具有获得相同权利的资格，但不意味着行为能力的绝对平等。

第二，禁止不合理的差别对待。平等只是一个相对性概念，而非绝对性概念。在社会生活中，由于个人能力、社会环境、文化程度等方面的差别，不同个体之间客观上存在一定差异，宪法保护的平等权并不禁止，也不可能完全禁止差别，它承认并允许在一定范围内的合理差别。所谓"合理差别"，指的是具有合理理由的差别。平等权的相对性客观上允许合理差别措施的存在，在特定历史时期、在一定范围内存在的差别是具有合理性的。如宪法对全国人大代表的言论免责权作了特殊规定，这一权利是人大代表基于其取得的代表资格而享有的，其他公民不能享有。由此可见，不同主体在特定权利的行使方面并不相同，存在一种合理的差别，不能把它理解为一种特权。如果完全不承认现实生活中客观存在的合理差别，机械简单地以平等理念理解和处理各种宪法问题，就有可能导致平均主义，混淆自由与平等的界限。因此，在现实生活中，既不能把平等权泛化，也不能把平等理解为平均主义，要正确地区分合理差别与不合理差别的界限。

典型案例

2003年，一位应届大学毕业生张某毕业后参加某省国家公务员考试，报考某县委办公室经济管理岗位。张某笔试和面试的成绩均排名第一，但因在体检中被检查出感染了乙肝病毒，当地人事局宣布张某体检不合格不被录取。张某向人事局所在的区人民法院提起行政诉讼，状告人事局"歧视乙肝患者"侵犯其平等权。最终法院作出确认判决，确认当地人事局在2003年国家公务员招录过程中作出取消原告张某进入考核程序资格的具体行政行为主要证据不足。

案例解读

就业歧视严重伤害了劳动者的平等就业权。2003年，人事局所在区的人民法院受理张某诉当地人事局取消公务员录取资格案，开创了法院受理"乙肝歧视"案件的先例。当地人事局仅因张某携带乙肝病毒就作出不予录取的决定，这不仅违反了相关法律、行政法规中的禁止性规定，更侵害了张某的就业平等权。劳动者的民族、性别、户籍、年龄、外貌、疾病等"先赋因素"，属于不合理差别对待的禁止性事由，用人单位基于上述事由对劳动者差别对待，构成就业歧视。除《宪法》外，《中华人民共和国劳动法》《中华人民共和国就业促进法》等多部法律均规定了劳动者享有平等就业的权利，在《就业促进法》和《传染病防治法》等法律法规的规定下，除法律法规禁止其从事的工作外，用人单位不得以乙肝病毒携带者或者其他传染病患者为由拒绝录用，不得对其就业设置障碍。

‖ 习近平法治思想指引 ‖

要健全法律面前人人平等保障机制，维护国家法制统一、尊严、权威，一切违反宪法法律的行为都必须予以追究。

——2021年12月6日，习近平在十九届中共中央政治局第三十五次集体学习时的讲话

2. 选举权与被选举权是公民政治权利的主要体现

‖ 重点法条 ‖

> 《宪法》第三十四条　中华人民共和国年满十八周岁的公民，不分民族、种族、性别、职业、家庭出身、宗教信仰、教育程度、财产状况、居住期限，都有选举权和被选举权；但是依照法律被剥夺政治权利的人除外。

‖ 条文解读 ‖

公民享有选举权和被选举权。除依法被剥夺政治权利的人外，我国公民可以依照宪法法律规定参与选举各级权力机关的组成人员或其他依法应当通过选举方式产生的国家公职人员，亦可依照宪法法律规定被选举成为各级人大代表或其他依法应当通过选举方式产生的国家公职人员。具体包括：第一，直接选举产生县、乡两级人大代表或者被选举成为县、乡两级人大代表；第二，间接选举产生设区的市、自治州以上各级人大代表或者被选举成为设区的市、自治州以上各级人大代表；第三，通过人民代表大会选举国家公职人员或者被选举成为国家公职人员。

▍典型案例 ▍

罪犯詹某某因犯抢劫罪、盗窃罪于 2010 年 1 月 14 日被市中院判处有期徒刑十五年六个月，附加剥夺政治权利两年，罚金人民币 15 000 元。2021 年 8 月 12 日，因服刑期满，予以释放。

检察机关在常态化开展剥夺政治权利刑罚执行检察监督工作中，发现詹某某在剥夺政治权利期限内被所在村民委员会列入选民名单。当地检察院于 2021 年 10 月 26 日向县公安局发出纠正违法通知书。2021 年 11 月 16 日，当地公安局书面回复该院，已及时将詹某某纳入被剥夺政治权利罪犯进行监管，并通知了詹某某所在村委会，及时取消了詹某某的选民资格。

▍案例解读 ▍

剥夺政治权利是剥夺犯罪人参加国家管理和政治活动权利的一种刑罚，包括剥夺选举权和被选举权，公民被剥夺政治权利的，不能参加选举活动。本案涉及剥夺政治权利的执行问题，案件焦点在于开始执行剥夺政治权利的时间和期限。我国《刑事诉讼法》规定若犯罪分子被判处管制，剥夺政治权利期限和管制的期限同时开始计算；如果被判处徒刑、拘役，附加剥夺政治权利的，从徒刑、拘役执行完毕之日或者从假释之日起计算。同时，犯罪分子被剥夺政治权利由公安机关来执行，并在执行期满后书面通知罪犯本人及其所在单位、居住地基层组织。

▍习近平法治思想指引 ▍

选举工作要坚持党的领导、坚持发扬民主、严格依法办事，保障人民选举权和被选举权。要加强对选举工作的监督，对违规违纪违法问题"零容忍"，确保选举工作风清气正。

——2016 年 11 月 15 日，习近平在参加北京市区人大代表换届选举投票时的讲话

3. 中华人民共和国公民有言论、出版的自由

▍重点法条 ▍

《宪法》第三十五条　中华人民共和国公民有言论、出版、集会、结社、游行、示威的自由。

▍条文解读 ▍

公民享有言论自由和出版自由，即公民享有平等的发言和著书的权利，只要不超出法律允许的范围，就不会受到宪法和法律的限制。

言论自由是指公民依据宪法享有的通过语言方式表达自己的思想见解或者其他意思的自由。出版自由是指公民可以通过公开出版物的形式，自由地表达自己对国家事务、经济和文化事业、社会事务的见解与看法，出版自由是言论自由的延伸和固定。发表言论和出版著作不仅是人们交流沟通的方式，也是参与管理国家事务和社会事务的重要手段。但自由以不超过法律禁止为限，公民必须在遵循国家宪法和法律规定的基础上行使自己的言论自由和出版自由。

▍典型案例 ▍

2007年9月7日吴某某首次在互联网上发布题为《领导：你要杀你的农民姐弟？》的帖子，同年10月至11月，吴某某以网名"找我吗"在大律师网、文学博客网、记者网等发表题为《鄂尔多斯市浮华背后的真实情况——一些不敢公示的秘密》的帖子。2008年4月27日，吴某某因涉嫌辱骂诽谤他人及政府在沈阳被鄂尔多斯警方抓捕。经多次开庭审理，最终认定被告人吴某某犯诽谤罪，判处有期徒刑一年零六个月。

▍案例解读 ▍

我国现行《宪法》第三十五条规定："中华人民共和国公民有言论、出版、集会、结社、游行、示威的自由。"这一条文从规范层面上保障了公民的言论自由和出版自由。

自由不是绝对的，必须以不超过法律禁止为限，公民必须在遵循国家宪法和法律规定的基础上行使自己的言论自由和出版自由。我国《宪法》明确规定："中华人民共和国公民在行使自由和权利的时候，不得损害国家的、社会的、集体的利益和其他公民的合法的自由和权利。"当行使言论自由与其他利益产生冲突时，需要对言论自由进行一定的限制。但同时，为切实保障公民的表达自由不受公权力的过度限制，亦需要对限制公民言论自由的公权力措施进行严格的控制。

▍习近平法治思想指引 ▍

遵守政治纪律和政治规矩，重点要做到以下五个方面。一是必须维护党中央权威，决不允许背离党中央要求另搞一套，全党同志特别是各级领导干部在任何时候任何情况下都必须在思想上政治上行动上同党中央保持高度一致，听从党中央指挥，不得阳奉阴违、自行其是，不得对党中央的大政方针说三道四，不得公开发表同中央精神相违背的言论。二是必须维护党的团结，决不允许在党内培植私人势力，要坚持五湖四海，团结一切忠实于党的同志，团结大多数，不得以人划线，不得搞任何形式的派别活动。三是必须遵循组织程序，决不允许擅作主张、我行我素，重大问题该请示的请示，该汇报的汇报，不允许超越权限办事，不能先斩后奏。四是必须服从组织决定，决不允许搞非组织活动，不得跟组织讨价还价，不得违背组织决定，遇到问题要找组织、依靠组织，不得欺骗组织、对抗组织。五是必须管好亲属和身边工作人员，决不允许他们擅权干政、谋取私利，不得纵容他们影响政策制定和人事安排、干预正常工作运行，不得默许他们利用特殊身份谋取非法利益。

——习近平：《论坚持党对一切工作的领导》，中央文献出版社，2019年版

4. 中华人民共和国公民有集会、结社、游行、示威的自由

▍重点法条 ▍

《宪法》第三十五条　中华人民共和国公民有言论、出版、集会、结

社、游行、示威的自由。

条文解读

公民享有集会、结社、游行、示威自由。集会自由是指公民为着共同目的，依照法律规定的程序，聚集于露天公共场所，发表意见或表达意愿的自由。结社自由是指公民为了某一共同目的按一定宗旨，依照法定程序组织或者参加具有持续性的社会团体的自由。游行自由是指公民依照法律规定的程序在道路、广场等公共露天场所列队并表达共同意愿的自由。示威自由是指公民依照法律规定的程序，聚集在露天公共场所，以集会、游行、静坐等方式，表达某种要求、意愿，或表示抗议、支持、声援等共同意愿的自由。

公民享有的集会、结社、游行、示威自由是表达其自身意愿的自由，亦是集合性权利，通常需由多个公民在公共场所共同行使，才能形成法律意义上的结社、集会、游行和示威。

典型案例

2019年10月1日，庆祝中华人民共和国成立七十周年大会在北京天安门广场隆重举行。其中，"群众游行方阵"是庆祝活动中最令人民群众精神抖擞的方阵之一。群众游行方阵，以"同心共筑中国梦"为主题，分为"建国创业""改革开放""伟大复兴"三个篇章。由十万群众和七十组彩车组成的三十六个方阵，沿长安街由东向西行进，为人民群众展现了一幅流动的史诗，彰显了中华人民共和国这七十年间，从曾经的筚路蓝缕到如今的繁盛富强的伟大征程。

案例解读

为庆祝中华人民共和国成立七十周年的群众游行，符合"游行"的定义，属于在公共道路、露天公共场所列队行进、表达共同意愿的活动。集会、结社、游行和示威自由是我国公民的基本权利之一。我国《宪法》第三十五条规定："中华人民共和国公民有言论、出版、集会、结社、游行、示威的自由。"我国宪法确认了公民有包括言论、出版、集会、结社、游行、示威形式在内的政治表达权利。但集会、结社、游行和示威自由并非无限，而必须以不得有损公共利益及侵犯他人权利为限。我国《集会游行示威法》第七条对集会游行示威自由作出了一定的限制，具体包括，公民进行集会游行示威需要向主管部门申请并获得许可。同时，在对自由进行限制时，亦需要对限制进行控制，以避免公权力突破边界损害公民的基本权利，故需要限制的目的具有正当性，如基于交通秩序、公共安全、他人权利保护的需要等；限制的方法具有适当性，如履行登记或许可手续等。

‖ 习近平法治思想指引 ‖

党领导人民制定宪法法律，领导人民实施宪法法律，党自身要在宪法法律范围内活动。全国各族人民、一切国家机关和武装力量、各政党和各社会团体、各企业事业组织，都必须以宪法为根本的活动准则，都负有维护宪法尊严、保证宪法实施的职责。

——2020年11月16日，习近平在中央全面依法治国工作会议上的讲话

5. 中华人民共和国公民有宗教信仰的自由

‖ 重点法条 ‖

《宪法》第三十六条　中华人民共和国公民有宗教信仰自由。

任何国家机关、社会团体和个人不得强制公民信仰宗教或者不信仰宗教，不得歧视信仰宗教的公民和不信仰宗教的公民。

国家保护正常的宗教活动。任何人不得利用宗教进行破坏社会秩序、损害公民身体健康、妨碍国家教育制度的活动。

宗教团体和宗教事务不受外国势力的支配。

‖ 条文解读 ‖

公民享有宗教信仰的自由。具体包括：第一，每个公民都有按照自己的意愿信仰宗教或不信仰宗教的自由；第二，每个公民都有按照自己的意愿信仰这种宗教或那种宗教的自由；第三，在同一宗教里面，每个公民都有按照自己的意愿信仰这个教派或那个教派的自由；第四，每个公民都有过去不信

教而现在信教的自由，也有过去信教而现在不信教的自由。

同时，国家保护公民的宗教信仰自由，亦保护正常的宗教活动，具体包括：任何国家机关、社会团体和个人不得强迫其他公民信仰或不信仰宗教，也不得对信仰或者不信仰宗教的公民采取不平等的对待；国家保护我国宗教界与外国的宗教界的正常的学术文化交流和友好往来。

但自由不是绝对的，任何人不得利用宗教进行破坏社会秩序、损害公民身体健康、妨碍国家教育制度的活动。宗教团体和宗教事务在组织上和经济上亦不能依赖或者依附于外国宗教势力。

典型案例

2014年5月28日，山东招远几名"全能神"信徒，在大庭广众之下公然杀害一位素不相识的女性。"全能神"冒充基督教，盗用伊斯兰教"圣战"旗号，自称"真主"，他们歪曲教义、误导教徒、违法犯罪、抹黑宗教，并且大肆宣扬充满血腥暴力的教义。最终，烟台市中级人民法院依法对"山东招远涉邪教故意杀人案"作出了公正的判决，被告人张某、张某冬以故意杀人罪、利用邪教组织破坏法律实施罪被判处死刑；被告人吕某春以故意杀人罪、利用邪教组织破坏法律实施罪被判处无期徒刑、剥夺政治权利终身；被告人张某、张某联以故意杀人罪分别被判处有期徒刑十年、七年。

案例解读

《宪法》规定公民有宗教信仰自由。2004年公布的《宗教事务条例》开宗明义，重申了《宪法》的这一规定。但任何自由权利都不能无限度享有，而是相对的、有条件、有边际、有界限的。《宪法》规定，任何人不得利用宗教进行破坏社会秩序、损害公民身体健康、妨碍国家教育制度的活动。《宗教事务条例》规定：宗教团体、宗教活动场所和信教公民应当遵守宪法、法律、法规和规章，维护国家统一、民族团结和社会稳定。涉及宗教内容的宗教团体出版物中，不得含有破坏信教公民与不信教公民和睦相处，破坏不同宗教之间和睦以及宗教内部和睦，歧视、侮辱信教公民或者不信教公民，宣扬宗教极端主义，违背宗教的独立自主自办原则的内容。

享有宗教信仰自由的前提是从事合法的宗教活动，这就要求宗教本身合法、从事宗教活动的人员守法、宗教活动的形式内容合法。"邪教不是宗教""宗教极端主义不是宗教",故邪教和宗教极端主义不能享有"宗教信仰自由",不能获得国家对公民宗教信仰基本权利的保障。

我们应当牢记习近平总书记提出的"保护合法、制止非法、遏制极端、抵御渗透、打击犯罪"处理宗教问题的基本原则,面对宗教问题丝毫不能松懈。

▍习近平法治思想指引▍

中华文明从来不用单一文化代替多元文化,而是由多元文化汇聚成共同文化,化解冲突,凝聚共识。中华文化认同超越地域乡土、血缘世系、宗教信仰等,把内部差异极大的广土巨族整合成多元一体的中华民族。越包容,就越是得到认同和维护,就越会绵延不断。中华文明的包容性,从根本上决定了中华民族交往交流交融的历史取向,决定了中国各宗教信仰多元并存的和谐格局,决定了中华文化对世界文明兼收并蓄的开放胸怀。

——2023年6月2日,习近平在文化传承发展座谈会上的讲话

6. 中华人民共和国公民的人身自由不受侵犯

▍重点法条▍

> 《宪法》第三十七条　中华人民共和国公民的人身自由不受侵犯。
>
> 任何公民,非经人民检察院批准或者决定或者人民法院决定,并由公安机关执行,不受逮捕。
>
> 禁止非法拘禁和以其他方法非法剥夺或者限制公民的人身自由,禁止非法搜查公民的身体。

▍条文解读▍

公民享有人身自由,国家保护公民的人身自由。狭义的人身自由指人的身体自由,是公民行使一切政治、经济和社会生活中其他权利和自由的前提与基础。当然,一切自由都是相对的,本条第二款规定了对人身自由的相对限制,即只有法定机关经过法定程序后才可对公民的人身自由进行限制,否

则就构成非法逮捕或非法拘禁。本条第三款是对特殊的侵犯公民人身自由行为的禁止性规定。非法拘禁，是指以强制方法非法剥夺人身自由的行为。以其他方法非法剥夺或者限制公民的人身自由，是指以非法拘禁行为以外的其他各种违法手段，如非法管制、强迫他人劳动等来剥夺或者限制公民的人身自由。非法搜查公民的身体，是指无权搜查的人擅自对公民进行搜查，或者有搜查权的人未经法定机关批准，滥用职权，擅自进行搜查。

▌典型案例 ▌

孙某某因刚到广州，未及时办理暂住证。2003年3月17日，出门时未带身份证，被查暂住证的警察送往黄村街派出所。孙某某打电话给朋友，让对方把他的身份证明文件送往该派出所，可是当朋友到达派出所之后，才发现孙某某已被转送往收容站，其收容表格上说其是"三无"人员，符合收容条件，而事实是孙某某本人有正常住所，有合法工作，有合法的身份证件，并不符合收容条件。同年3月20日，孙某某被发现在一家收治收容人员的医院死亡。

此事件发生后，俞某、滕某、许某某等三名法学博士向全国人大常委会递交审查《城市流浪乞讨人员收容遣送办法》的建议书，认为收容遣送办法中限制公民人身自由的规定与中国宪法和有关法律相抵触，应予以改变或撤销。法学界五位著名的法学家以中国公民的名义，联合上书全国人大常委会，就孙某某案及收容遣送制度实施状况提请启动特别调查程序。同年6月20日，中华人民共和国国务院总理温家宝签署国务院令，公布《城市生活无着的流浪乞讨人员救助管理办法》，并宣布《城市流浪乞讨人员收容遣送办法》废止。

▌案例解读 ▌

孙某某案敲响了保障公民人身自由这一基本权利的警钟。人身自由是宪法保障的基本人权，是公民行使其他权利的前提。公权力侵害人身自由有时比普通犯罪造成的后果更严重，主要可分为两种类型：一是立法违反宪法、法律规定，制定了可侵害公民人身自由的法规；二是执法或司法活动违反宪法和法律，侵害了公民的人身自由。1982年发布的《城市流浪乞讨人员收容遣送办法》违反了现行《宪法》第五条第三款"一切法律、行政法规和地方性法规都不得同宪法相抵触"以及《立法法》第八条第五项"下列事项只能制定法律……（五）对公民政治权利的剥夺、限制人身自由的强制措施和处罚"和第九条"本法第八条规定的事项尚未制定法律的，全国人民代表大会及其常务委员会有权作出决定，授权国务院可以根据实际需要，对其中的部分事项先制定行政法规，但是有关犯罪和刑罚、对公民政治权利的剥夺和限制人身自由的强制措施和处罚、司法制度等事项除外"。

"一个极端事件迅速推动了一次重大的制度变革"，法治的进步永远不会是一片坦途，但对人身自由和人格尊严的尊重是任何时候都不可突破的底线。

▌ 习近平法治思想指引 ▌

我国人民警察是国家重要的治安行政和刑事司法力量，主要任务是维护国家安全，维护社会治安秩序，保护公民人身安全、人身自由、合法财产，保护公共财产，预防、制止、惩治违法犯罪。新的历史条件下，我国人民警察要对党忠诚、服务人民、执法公正、纪律严明，全心全意为增强人民群众获得感、幸福感、安全感而努力工作，坚决完成党和人民赋予的使命任务。

——2020年8月26日，习近平向中国人民警察队伍授旗并致训词强调

7. 中华人民共和国公民的人格尊严不受侵犯

▌ 重点法条 ▌

> 《宪法》第三十八条　中华人民共和国公民的人格尊严不受侵犯。禁止用任何方法对公民进行侮辱、诽谤和诬告陷害。

▌ 条文解读 ▌

公民享有人格尊严。人格尊严是个人最为重要的基本权利之一，国家保护公民的人格尊严不受侵犯，禁止用任何方法对公民进行侮辱、诽谤和诬告陷害。宪法规定的人格尊严，一般包括公民个人的名誉权、荣誉权、姓名权、肖像权、隐私权等人格权利。侮辱是指使用暴力或者以其他方法，公然贬损他人人格，破坏他人名誉，情节严重的行为。诽谤是指故意捏造并散布

虚构的事实，足以贬损他人人格，破坏他人名誉，情节严重的行为。诬告陷害是指捏造事实，作虚假告发，意图陷害他人，使他人受刑事追究的行为。《宪法》第三十八条的规定是对公民人格权的规范性保护，充分体现了我国宪法对人的尊重，同时，也有利于增强公民的主体意识，有利于在全社会范围内建立一种互尊互爱的人际关系，有利于促进我国公民基本权利体系的进一步完善。

典型案例

2006年11月29日，深圳市福田警方召开广场大会，对于专项行动中抓获的100名涉嫌操纵、容留、强迫妇女卖淫，路边招嫖卖淫嫖娼，派发色情卡片等违法犯罪人员进行了公开处理。当事人全部身着黄衣，面戴口罩，面部除双眼外全被遮住，现场有逾千人围观。警方分别读出他们的姓名、出生日期和籍贯，宣布各人行政拘留15天。同时，存在涉嫌卖淫女子的裸照被公布，涉黄人员姓名和年龄被公布等情况发生。

案例解读

本案中深圳市福田警方的做法侵犯了公民的人格尊严。我国《宪法》第三十八条明确规定了公民的人格尊严不容侵犯，并运用"任何"这一绝对化的词语，展示了国家对公民人格尊严保护的决心。同时，人格尊严属于严格的宪法保留事项，除宪法明文规定外，任何公权力在任何情况下都不能基于任何理由克减、限制或剥夺公民的人格尊严，即使是被判处死刑的人，也当然享有其作为人的人格尊严。除宪法外，另有其他法律和规范性文件也明确禁止游街示众等侵害人格尊严的行为，公安机关作为执法机关，更应该模范遵守法律条款。

习近平法治思想指引

尊重和保障人权是中国共产党人的不懈追求。我们党自成立之日起就高举起"争民主、争人权"的旗帜，鲜明宣示了救国救民、争取人权的主张。在新民主主义革命时期、社会主义革命和建设时期、改革开放和社会主义现代化建设新时期,我们党都牢牢把握为中国人民谋幸福、为中华民族谋复兴的初心使命,领导人民取得了革命、建设、改革的伟大胜利,中国人民成为国家、社会和自己命运的主人,中国人民的生存权、发展权和其他各项基本权利保障不断向前推进。

——2022年2月25日,习近平在十九届中共中央政治局第三十七次集体学习时的讲话

8. 中华人民共和国公民的住宅不受侵犯

▌重点法条▌

> 《宪法》第三十九条 中华人民共和国公民的住宅不受侵犯。禁止非法搜查或者非法侵入公民的住宅。

▌条文解读▌

国家保障公民住宅不受侵犯,具体是指:第一,对公民住宅的搜查必须满足法定条件并经过法定程序,禁止任何公权力以任何方式非法搜查公民的住宅;第二,禁止非法侵入他人住宅。所谓非法侵入他人住宅,是指非司法机关工作人员未依据法律规定擅自进入他人住宅,或者未经主人同意而侵入他人住宅的行为。

住宅是公民生活和居住的场所,是公民赖以生存的基本条件。公民在自己的住宅内享有最大限度的权利和自由。除宪法外,我国的《刑事诉讼法》和《监察法》规定了对住宅进行搜查的条件和程序,若不符合《刑事诉讼法》和《监察法》规定的条件和程序,任何人、任何机关和组织都不得对公民的住宅进行搜查。同时,我国《刑法》将非法侵入他人住宅的行为作为犯罪予以规定,并规定了相应的刑事处罚。这些法律条文都充分展示了我国对公民这一项基本权利的尊重和保护。

▌典型案例▌

张某和李某系普通夫妻,二人在村里开了一家小诊所。诊所外屋开门接诊,内屋是夫妻二人的房间不对外开放。某日,二人在内屋观看租来的

黄碟，警察接到他人举报后突然闯入二人内屋。其间张某与警察发生肢体冲突，后警方以张某妨害公务将其带回派出所拘留。此事一波三折，最终以警方向张某夫妻赔礼道歉，并以一次性补偿 29 137 元结束。

‖ 案例解读 ‖

住宅不受侵犯作为人身自由权的衍生权利，具体是指公民生活、居住、休息的场所不受非法侵入或搜查的权利。

首先，广义上的住宅不仅指严格意义上的居所，还应包括可以提供个人休息的营业场所、公司里的办公室、临时居住的房屋、暂住的旅馆房间、学生的寄住公寓等。而且不管其法律地位是所有、租赁还是占有，亦不管其使用的性质是住所还是度假屋等。

其次，对住宅的侵犯或搜查，不仅指的是直接侵入住宅的物理空间内部，也包括对住宅的偷听、窥视等行为。

可以强行进入公民住宅的特殊情况仅限于收集犯罪或违法证据等情况并满足正当的法律程序。

公权力侵入住宅应当遵循比例原则，在国家实施公权力的正当目的下，若有多种可选择的方案，则政府首先应该选择那些对人民权利侵犯最轻的方法。

‖ 习近平法治思想指引 ‖

任何组织和个人都不得有超越宪法法律的特权，一切违反宪法法律的行为都必须予以追究和纠正。

——2021 年 10 月 13 日，习近平在中央人大工作会议上的讲话

9. 中华人民共和国公民的通信自由与通信秘密受宪法保护

‖ 重点法条 ‖

《宪法》第四十条　中华人民共和国公民的通信自由和通信秘密受法律的保护。除因国家安全或者追查刑事犯罪的需要，由公安机关或者检察

机关依照法律规定的程序对通信进行检查外，任何组织或者个人不得以任何理由侵犯公民的通信自由和通信秘密。

条文解读

国家尊重和保障公民的通信自由和通信秘密不受侵犯。通信，是指人与人之间通过某种行为或媒介进行的信息交流与传递。通信自由是指公民通过书信、电话、电报、传真、电子邮件、网络即时通信工具等方式，自主地与其他主体之间传递消息和信息不受国家非法限制的自由。通信秘密是指公民与他人进行交往的信件、电话、电报、电子邮件等所涉及的内容，任何个人、任何组织或者单位都无权非法干预，无权偷看、隐匿、涂改、弃毁、扣押、没收、泄露或者窃听。通信自由和通信秘密相互联系、不可分割。

但自由并非绝对，《宪法》亦规定了排他性情况，即出于国家安全或者追查刑事犯罪的需要，公安机关或者检察机关依照法律规定的程序可以对通信进行检查。除此之外，任何组织和个人不得以任何理由侵犯公民的通信自由和通信秘密。

典型案例

原《甘肃省道路交通安全条例》规定，因调查交通事故案件需要，公安机关交通管理部门可以查阅或者复制交通事故当事人通讯记录。2019年全国人大常委会法工委在针对道路交通管理地方性法规、部门规章集中开展的专项审查研究中发现，《甘肃省道路交通安全条例》中涉及公民通信自由及通信秘密的条款缺乏法律依据，并于2019年2月向当地人大常委会发出审查意见进行督促纠正。2020年4月1日，甘肃省第十三届人民代表大会常务委员会第十五次会议通过的《甘肃省道路交通安全条例》已正式修正了相关条款，对公民的通信自由和通信秘密给予了充分的尊重和保障。

案例解读

全国人大常委会法工委研究认为，原《甘肃省道路交通安全条例》针对公民通信自由的规定不符合保护公民通信自由和通信秘密的原则和精神；

对公民通信自由和通信秘密保护的例外只能是在特定情形下由法律作出规定，有关地方性法规所作的规定已超越立法权限。通信自由和通信秘密作为宪法赋予公民的一项基本权利，对其的限制情形应当仅限于宪法明文规定的特定情形，即因国家安全或者追查刑事犯罪的需要，由公安机关或者检察机关依照法律规定的程序对通信进行检查，而不能随意受到干涉和侵犯。我国宪法尊重和保障公民的通信自由和通信秘密，除宪法外，我国《刑法》第二百五十二条、第二百五十三条等条文亦明确保护了公民个人和相互间交流中的隐私内容不受他人侵犯的自由，凡侵犯公民通信自由和通信秘密的，即会受到法律的制裁。

▍习近平法治思想指引 ▍

加强宪法实施和监督，健全保证宪法全面实施的制度体系，更好发挥宪法在治国理政中的重要作用，维护宪法权威。

——2022年10月16日，习近平在中国共产党第二十次全国代表大会上的报告

10. 中华人民共和国公民的合法的私有财产不受侵犯

▍重点法条 ▍

《宪法》第十二条　公民的合法的私有财产不受侵犯。
国家依照法律规定保护公民的私有财产权和继承权。
国家为了公共利益的需要，可以依照法律规定对公民的私有财产实行征收或者征用并给予补偿。

▍条文解读 ▍

财产权，是指公民个人通过劳动或其他合法方式取得财产和占有、使用、处分财产的权利。财产权是公民基本权利的重要内容，是公民在社会生活中获得自由与实现经济利益的必要途径。根据宪法规定，公民的生活资料和生产资料都应受宪法保护，如公民的财产所有权、国有土地使用权、股权、土地承包经营权、债权以及专利和发明等知识产权。宪法规定的财产权

主要是为防御公共权力而存在的，这一点不同于民法上的财产权。虽然宪法保障内容与民法财产权高度一致，但宪法上的财产权主要是相对于国家的一项基本权利。而且，作为宪法权利的财产权可为私法上的财产权保障提供宪法基础。

随着社会主义市场经济的发展、公民个人财富的积累，社会成员普遍要求国家加强对私人财产权的保护。2004年《宪法修正案》第二十二条规定：公民的合法的私有财产不受侵犯。国家依照法律规定保护公民的私有财产权和继承权。"公民的合法的私有财产不受侵犯"意味着国家有义务保护所有公民的财产权，并采取各种有效措施实现财产权价值。这一修正案进一步明确了私有财产权的宪法地位，为合法的私有财产权的保护提供了必要的宪法依据。

与其他社会经济权利一样，公民财产权的保护也不是绝对的。2004年《宪法修正案》第二十二条规定：国家为了公共利益的需要，可以依照法律规定对公民的私有财产实行征收或者征用并给予补偿。宪法的这一规定有利于在公权力与私权利、公共财产与私有财产之间确定合理的界限，使受侵害的私有财产得到合理补偿。征收和征用是国家为了公共利益对公民的私有财产进行限制的形式，但二者的性质与功能是不同的。二者的主要区别是：征收是所有权的转移，征用是使用权的改变，一般在紧急状态下强制使用，一旦紧急状态结束，被征用的物品要返还给原权利人；适用征收和征用的条件和补偿标准也不同，因征收对权利人利益的损害大于征用，故补偿标准相对高一些。对公民财产权的限制必须基于公共利益，即社会整体利益，体现国防、外交等重大的国家利益。公共利益不同于团体、社会组织的利益或商业利益，应进行严格的限定。

典型案例

2020年"两会"期间全国政协委员朱征夫提出"关于对机场建设费进行合宪性审查的意见和建议"。建议中提出，机场建设费的正式名称是"民航发展基金"，目前征收依据是财政部于2012年3月17日印发的《民航发展基金征收使用管理暂行办法》。朱征夫委员认为，收取民航发展基金的行为包含征收公民私有财产的内容，根据《宪法》和《立法法》的规定，公民的合法的私有财产不受侵犯，对非国有财产的征收、征用，只能制定法律。财政部印发的《民航发展基金征收使用管理暂行办法》是部门规章，不是法律,无权制定关于对非国有财产征收征用的内容,因此,不能依据该暂行办法征收民航发展基金,这涉嫌违反宪法。

▓ 案例解读 ▓

全国人大常委会法工委研究认为,我国现行法律中"征收"一词既可用于纳入预算管理的税费征收,也可用于国家对非国有动产、不动产的征收。民航发展基金作为一种政府性基金,其征收不属于《宪法》第十三条规定的对公民私有财产的征收,主要理由为:一是征收事由与被征收人的关联性不同。民航发展基金用于民航基础设施建设,按照"谁收益,谁付费"的原则,由使用航路、航站资源的航空公司和乘客缴纳,作为征收对象的旅客和航空公司也是征收的受益人,缴纳义务人与其对航空运输资源的使用之间有特定的关联。而宪法上对私有财产的征收是基于公共利益的需要,征收事由与被征收人之间的关联一般比较弱,被征收人与征收的受益一般也没有直接、必然的关联。二是补偿要求和征收程序不同。对非国有财产的征收会导致财产权主体成为特别负担者,需要由征收主体予以补偿,其征收程序一般包含征收登记、征收决定、补偿等。民航发展基金的本质是政府收费,不具有可补偿性,航空旅客应缴纳的民航发展基金由航空公司或者销售代理机构在旅客购买机票时一并代征,航空公司应缴纳的民航发展基金由民航局清算中心直接征收。

据此,全国人大常委会法工委认为,民航发展基金不属于《宪法》第十三条规定的对公民私有财产的征收,并非《立法法》第八条规定的只能由法律规定的事项。

▓ 习近平法治思想指引 ▓

我们要依法保障全体公民享有广泛的权利,保障公民的人身权、财产权、基本政治权利等各项权利不受侵犯,保证公民的经济、文化、社会等各方面权利得到落实,努力维护最广大人民根本利益,保障人民群众对美好生活的向往和追求。

——2012年12月4日,习近平在首都各界纪念现行宪法公布施行30周年大会上的讲话

11. 中华人民共和国公民有劳动的权利和义务

‖ 重点法条 ‖

> 《宪法》第四十二条　中华人民共和国公民有劳动的权利和义务。
> 　　国家通过各种途径，创造劳动就业条件，加强劳动保护，改善劳动条件，并在发展生产的基础上，提高劳动报酬和福利待遇。
> 　　劳动是一切有劳动能力的公民的光荣职责。国有企业和城乡集体经济组织的劳动者都应当以国家主人翁的态度对待自己的劳动。国家提倡社会主义劳动竞赛，奖励劳动模范和先进工作者。国家提倡公民从事义务劳动。
> 　　国家对就业前的公民进行必要的劳动就业训练。

‖ 条文解读 ‖

劳动权是指一切有劳动能力的公民有劳动和取得劳动报酬的权利。从《宪法》第四十二条第一款规定可以看出，劳动既是公民的一项基本权利，也是一项基本义务。劳动者享有平等就业和选择职业的权利、取得劳动报酬的权利、休息休假的权利、获得劳动安全卫生保护的权利、接受职业技能培训的权利、享受社会保险和福利的权利、提请劳动争议处理的权利以及法律规定的其他劳动权利。劳动者应当完成劳动任务，提高职业技能，执行劳动安全卫生规程遵守劳动纪律和职业道德。

劳动者就业，不因民族、种族、性别、宗教信仰等不同而受歧视。

国家通过各种途径，采取各种措施，发展职业培训事业，开发劳动者的职业技能，提高劳动者素质，增强劳动者的就业能力和工作能力。各级人民政府应当把发展职业培训纳入社会经济发展的规划，鼓励和支持有条件的企业、事业组织、社会团体和个人进行各种形式的职业培训。用人单位应当建立职业培训制度，按照国家规定提取和使用职业培训经费，根据本单位实际，有计划地对劳动者进行职业培训。从事技术工种的劳动者，上岗前必须经过培训。

‖ 典型案例 ‖

2020年9月，十三届全国人大代表张苏军向全国人大常委会法工委提交了对昆明、南宁、武汉、太原、石家庄5个城市出租汽车管理条例的审查建议。其审查建议提出：上述地方性法规对出租汽车司机设置户籍门槛违反了相关上位法规定，以户籍或居住证（暂住证）作为出租汽车司机准入门槛，构成严重的就业歧视，阻碍了出租汽车行业"稳就业"功能的实现。这一备案审查纠错案例，被写入全国人大常委会2020年备案审查工作情况报告。

案例解读

全国人大常委会法工委法规备案审查室审查研究认为，地方性法规中以本地户籍或者居住证作为出租汽车驾驶员职业准入条件的规定，涉及与中央文件是否一致的问题。随着经济社会的发展，党中央对户籍制度改革和营造公平就业环境作出了明确部署。《中共中央 国务院关于构建更加完善的要素市场化配置体制机制的意见》（2020年3月30日）提出，"引导劳动力要素合理畅通有序流动""放开放宽除个别超大城市外的城市落户限制，试行以经常居住地登记户口制度""营造公平就业环境，依法纠正身份、性别等就业歧视现象，保障城乡劳动者享有平等就业权利"。此外，由于户籍制度具有很强的身份区分和人口流动限制特点，对出租汽车驾驶员资格条件设置本地户籍限制，存在与党中央文件精神不符的问题；要求外来人员办理居住证一般与社会管理相关，取得居住证通常是离开常住户口所在地到其他城市居住半年以上，且有合法稳定就业、合法稳定住所等条件要求，将居住证作为外来人员从事出租汽车驾驶员的条件，是对城市外来人员就业的限制，同样不符合党中央文件精神。

习近平法治思想指引

党和国家要实施积极的就业政策，创造更多就业岗位，改善就业环境，提高就业质量，不断增加劳动者特别是一线劳动者劳动报酬。要建立健全党和政府主导的维护群众权益机制，抓住劳动就业、技能培训、收入分配、社会保障、安全卫生等问题，关注一线职工、农民工、困难职工等群体，完善制度，排除阻碍劳动者参与发展、分享发展成果的障碍，努力让劳动者实现体面劳动、全面发展。

——2015年4月28日，习近平在庆祝"五一"国际劳动节暨表彰全国劳动模范和先进工作者大会上的讲话各级党委和政府要关心和爱护广大劳动群众，切实把党和国家相关政策措施落实到位，不断推进相关领域改革创新，坚决扫除制约广大劳动群众就业创业的体制机制和政策障碍，不断完善就业创业扶持政策、降低就业创业成本，支持广大劳动群众积极就业、大胆创业。要切实维护广大劳动群众合法权益，帮助广大劳动群众排忧解难，积极构建和谐劳动关系。

——2016年4月26日，习近平在知识分子、劳动模范、青年代表座谈会上的讲话

12. 中华人民共和国劳动者有休息的权利

‖ 重点法条 ‖

《宪法》第四十三条　中华人民共和国劳动者有休息的权利。
国家发展劳动者休息和休养的设施，规定职工的工作时间和休假制度。

‖ 条文解读 ‖

休息权是指劳动者在付出一定的劳动后消除疲劳、恢复劳动能力的权利，是劳动权存在的基础。根据《劳动法》第七十六条的规定，国家发展社会福利事业，兴建公共福利设施，为劳动者休息、休养和疗养提供条件。用人单位应当创造条件，改善集体福利，提高劳动者的福利待遇。此外，《劳动法》第三十六条规定："国家实行劳动者每日工作时间不超过八小时、平均每周工作时间不超过四十四小时的工时制度。"国家还实行劳动者的休假制度，主要包括公休制度、法定节假日制度和带薪年休假制度。

‖ 典型案例 ‖

黄某就职于上海某医疗科技股份有限公司。根据黄某累计工作时间，其每年享有10天年休假。2021年12月13日黄某通过人力资源系统向公司递交了2021年12月15日至12月17日及12月20日至12月24日合计8天的年休假申请。次日，人事以"未按公司规定提前请假"为由退回其申请，并由人事部门负责人找来黄某要求其填写放弃享受当年度年休假申请，黄某拒绝并告知其因有私事要处理，希望在年底将未休年休假用完，并继续通过

人力资源系统向公司递交了请假期间为2021年12月16日至2021年12月17日及12月20日至12月24日的合计7天的年休假申请。人事部门退回了黄某的请假申请，退回理由为"目前部门人手不足"，并通过钉钉通知黄某要求其2021年12月16日到公司报到，但遭黄某拒绝。2021年12月21日某医疗科技股份有限公司以黄某"未经批准，自行脱离工作岗位，拒不到岗，旷工三天违反劳动纪律"为由出具《解聘通知书》。黄某不服，申请劳动仲裁要求某医疗科技股份有限公司支付违法解除劳动合同的赔偿金。上海虹口区劳动仲裁委审理认为，某医疗科技股份有限公司以黄某在未获批准的情况下擅自不到岗，对其作旷工违纪解除，依据不足，解除行为构成违法，故对黄某要求给予违法解除劳动合同赔偿金予以支持。

‖案例解读‖

休息权属于宪法规定的公民的基本权利之一，《职工带薪年休假条例》《企业职工带薪年休假实施办法》的出台进一步以法规和规章的形式明确了劳动者享有带薪年休假的权利。用人单位为规范公司考勤管理制度，加强员工组织纪律性，可制定适用本企业的请假制度。但用人单位对于员工提出的年休假申请，在行使用工管理权及审批权时，应以合法为首要基本原则，结合公平、平等自愿、协商一致原则。

用人单位不得通过强迫劳动者"自愿"放弃年休假及滥用审批权等形式变相剥夺劳动者享有的年休假权利，对于用人单位基于自身优势地位滥用审批权，机械适用规章制度限制并剥夺劳动者年休假权利的行为，裁审机构应当依法予以审查，充分保护劳动者的合法权益。

13. 中华人民共和国公民享有社会保障的权利

‖重点法条‖

《宪法》第十四条第四款　国家建立健全同经济发展水平相适应的社会保障制度。

《宪法》第四十四条　国家依照法律规定实行企业事业组织的职工和国家机关工作人员的退休制度。

条文解读

社会保障权是指一般公民为了生活的有尊严而向国家要求给付的请求权。社会保障权的基本特征有：社会保障权主体既包括全体公民，也包括特定主体；社会保障权体现公民权利对国家权力的依赖；社会保障权的义务主体是政府；社会保障权是公民行使其他权利的基础；社会保障权具有双重性，既是一种社会权利，又是一种经济权利，它是法治国家必须履行的国家义务，其实现过程需要国家的积极干预，体现了社会公正原则。

公民社会保障权的实现，不仅使弱者得到必要的社会救济，而且有助于实现社会公平与正义。社会保障权作为权利体系，由生育保障权、疾病保障权、伤残保障权、死亡保障权与退休保障权等具体权利构成。社会保障权客观上有其界限，即社会保障不能超过经济社会发展所许可的限度。因此，国家需要投入必要的物质资源，既要防止提供的物质帮助过少，又要防止提供的物质帮助超过国家财力、物力可以承受的限度。应根据一个国家经济与文化发展具体情况，选择适当的社会保障方式，发挥社会保障制度的利益调整的功能。

典型案例

贵州省毕节市纳雍县域内四家大型超市聘用女职工比例高达93%，存在着未依法为女职工缴纳社会保险、未按规定对法定节假日工作的女职工给付3倍工资、未在三八妇女节给女职工放假半天、违规安排哺乳期女职工值夜班等行为，侵害了妇女劳动和社会保障权利。2022年年初，贵州省毕节市纳雍县人民检察院与纳雍县妇女联合会联合开展"妇女合法权益保护"专项监督活动，发现该案线索，并于2022年4月28日立案，经查明，纳雍县域内四家大型超市违反女职工劳动保护相关法律法规，负有监督管理职责的纳雍县人力资源和社会保障局未依法履职，导致女职工劳动和社会保障权益受到侵害。纳雍县人民检察院遂向纳雍县人社局发出行政公益诉讼检察建议，建议纳雍县人社局全面履行监管职责，针对发现的问题依法进行整治，并对辖区内女性劳动者集中的用工单位进行全面排查，维护女职工的劳动权益。

案例解读

妇女依法享有劳动和社会保障权利,这是妇女实现其政治、经济、文化、社会和家庭生活等各方面权益的基础。贵州省纳雍县人民检察院立足公益诉讼检察职能,针对用人单位未依法保障妇女劳动和社会保障权利的行为,通过制发诉前检察建议督促行政机关依法履职、切实整改,并联合相关部门建立妇女权益保护"绿色通道",以个案办理推动完善长效机制,促进溯源治理,很好地保护了辖区妇女的合法权益。

习近平法治思想指引

要健全社保兜底机制。要完善最低生活保障制度,对老弱病残等缺乏劳动能力的贫困人口,综合运用社会保险、社会救助、社会福利等保障救助措施,实现应保尽保,确保兜住基本生活底线。要把贫困人口全部纳入城乡居民基本医疗保险、大病保险、医疗救助保障范围,完善大病兜底保障机制,解决好因病致贫问题。同时,要堵塞漏洞,防止骗保和养懒。

——2019年4月22日,习近平在中央财经委员会第四次会议上的讲话

尽快实现养老保险全国统筹。养老保险全国统筹对维护全国统一大市场、促进企业间公平竞争和劳动力自由流动具有重要意义。要在确保二〇二〇年省级基金统收统支的基础上,加快养老保险全国统筹进度,在全国范围内实现制度统一和区域间互助共济。

——2019年8月26日,习近平在中央财经委员会第五次会议上的讲话

要根据实际情况,降低社保缴费名义费率,稳定缴费方式,确保企业社保缴费实际负担有实质性下降。

——2018年11月1日,习近平在民营企业座谈会上的讲话

14. 中华人民共和国公民在年老、疾病或者丧失劳动能力的情况下,有获得物质帮助的权利

重点法条

《宪法》第四十五条　中华人民共和国公民在年老、疾病或者丧失劳

> 动能力的情况下，有从国家和社会获得物质帮助的权利。国家发展为公民享受这些权利所需要的社会保险、社会救济和医疗卫生事业。
>
> 国家和社会保障残废军人的生活，抚恤烈士家属，优待军人家属。
>
> 国家和社会帮助安排盲、聋、哑和其他有残疾的公民的劳动、生活和教育。

条文解读

根据宪法的规定，公民获得物质帮助的情况包括年老、疾病或者丧失劳动能力。年老是指公民在国家规定的职工退休年龄以上，已没有劳动能力或者不适于继续参加劳动。疾病是指公民因患有某种疾病无能力或者不适于继续参加劳动。丧失劳动能力是指因年老、疾病或者其他原因而失去劳动能力。具备上述三个条件之一，公民即有权从国家和社会获得物质帮助。国家的物质帮助是指政府有关部门如民政、人力资源和社会保障等部门向上述公民提供基本生活条件方面的物质帮助。社会的物质帮助是指集体经济组织、人民团体、群众自治组织以及社会其他方面提供的各类物质帮助。公民在年老、疾病、丧失劳动能力时享受物质帮助的权利，是不需要履行具体的义务的，即使有违法犯罪行为，国家也不能以此为由剥夺其获得物质帮助的权利。因为公民的生命健康具有更高的价值，保障公民的生命和健康是国家更高的义务。

根据宪法的规定，国家努力发展社会保障事业。国家社会保障事业发展的状况，直接关系到人民群众物质文化生活水平的整体发展，关系到社会稳定，关系到社会主义优越性的发挥。年老、疾病或者丧失劳动能力的公民有权从国家和社会两个方面获得物质帮助，但国家在提供物质帮助方面应当起主要作用。为使公民更好地享受到各类物质帮助，国家需要大力发展社会保障事业。具体说来，要在以下三个方面大力发展社会保障事业：（1）发展社会保险事业。社会保险是通过保险方式为公民在年老、患病、丧失劳动能力等情况下提供各种帮助。（2）发展社会救济事业。社会救济包括对既无人供养又丧失劳动能力的人的救济，也包括对因自然灾害或者其他不幸事故而受到灾难者的救济。（3）发展医疗卫生事业。

典型案例

湖北宜昌一老人冒雨用现金交医保被拒引发关注。宜昌市医保局工作人员告诉老人"不收现金，要么告诉亲戚，要么你自己在手机上支付"。此事被报道后，"老人是否被科技边缘化"的问题引发热议。智能科技时代，习以为常的科技生活和数字福利，却常是老人这一群体面临的难以逾越的"数字鸿沟"。2020年11月，国务院办公厅印发《关于切实解决老年人运用智能技术困难的实施方案》，就进一步推动解决老年人在运用智能技术方面遇到的困难，践行以人民为中心的发展思想，坚持传统服务方式与智能化服务创新并行，为老年人提供更周全、更贴心、更直接的便利化服务作出部署。"老年人被智能科技边缘化"被列为2020年度"中国十大宪法事例"之一。

案例解读

随着科技在社会生活中不断普及，许多老年人作为社会弱势公民，无法有效获取技术知识，从而被智能技术边缘化。本案涉及老年人这一特殊群体的权利保护问题。《宪法》第四十五条规定了公民在年老时享有从国家和社会获得物质帮助的权利。国务院办公厅印发《关于切实解决老年人运用智能技术困难的实施方案》的通知，要求聚焦涉及老年人的高频事项和服务场景，坚持传统服务方式与智能化服务创新并行，切实解决老年人在运用智能技术方面遇到的突出困难，为老年人提供更周全、更贴心、更直接的便利化服务。技术帮助属于物质帮助的一个面向，针对老年人技术帮助的政策部署，涉及老年人在信息化发展中的获得感、幸福感、安全感。该实施方案的制定，进一步推动解决老年人在运用智能技术方面遇到的困难，让老年人更好共享信息化发展成果。

15. 中华人民共和国公民有受教育的权利和义务

重点法条

《宪法》第四十六条　中华人民共和国公民有受教育的权利和义务。国家培养青年、少年、儿童在品德、智力、体质等方面全面发展。

条文解读

受教育权是公民在教育领域享有的基本权利,是公民接受文化、科学等方面教育训练的权利。受教育权包括每个人按照其能力平等地接受教育的权利,同时也包括要求提供教育机会的请求权。根据宪法和有关法律的规定,公民受教育权的基本内容包括:

第一,按照能力受教育的权利。公民按照自己所具有的能力接受相应的教育。国家可以采取必要的考试制度,使有一定能力的公民享受相应的教育。

第二,享受教育机会的平等。每个公民在宪法和法律所规定的范围内,享有平等的受教育权,不因除能力之外的性别、宗教、社会身份等原因而受不平等的待遇。特别是在招生政策方面应贯彻平等原则,以维护教育公平和社会正义。国家义务教育要逐步实现地区均衡发展,发展农村学前教育,完善家庭经济困难学生资助政策。对于农民工子女就学问题,逐步实现以全日制公办学校为主、以输入地为主保障农民工子女平等接受义务教育,并全面取消借读费。

我国已建立了较为完善的公民教育权保障体系,在实践中也取得了积极的进展,特别是《国家中长期教育改革和发展规划纲要(2010—2020年)》为发展教育、实现公民的受教育权提出了目标与措施。除宪法对受教育权作出原则性规定外,我国先后颁布了《义务教育法》《教育法》《职业教育法》《高等教育法》等法律,进一步完善了教育立法。

典型案例

孙某某系2021级应届初中毕业生。经长沙市教育局中招办审核同意,孙某某被录取为某学校计算机平面设计专业学生。2021年9月7日,学校发现孙某某手臂上有一处文身,遂通知其父亲孙某辉赶到学校,告知孙某某身上有文身导致校方要将其开除学籍。另查明,2021年5月24日,长沙市某学校在其官方网站发布的《长沙市某学校招生简章》载明:"凡报考我校的学生,要求具有初中毕业证,思想品德好,身心健康,无传染性疾病,无文身(开学发现学生有文身,将取消入学资格)。"法院审理认为,长沙市某学校具有行政诉讼的被告主体资格,本案属于行政诉讼的受案范围。长沙市某学校取消孙某某入学资格的行为不符合合法行政行为、比例原则，且程序明显不当，故长沙铁路运输法院于2022年8月18日确认被告长沙市某学校决定取消原告孙某某入学资格的行为违法。孙某某不服行政判决的赔偿部分，向长沙中院提起上诉。长沙中院于2022年12月1日作出行政赔偿调解书，双方当事人就相关赔偿问题自愿达成协议。

‖ 案例解读 ‖

文身在满足未成年人对新鲜事物好奇心的同时，也容易对未成年人的身心健康造成影响。诸多学校出于管理的需要对于学生的衣着、妆发等仪容仪表都有相关的要求，故大多数学校明令禁止学生文身，一旦发现就给予处分。学校对学生，尤其是未成年人学生文身行为的处分是否适度，折射出学校自主管理权与未成年人受教育权的两种权利的交锚与冲突。根据《宪法》第四十六条的规定，受教育权是未成年人的一项基本而神圣的权利，是未成年人成长和发展的基础，故我国重视对未成年人受教育权的保护。本案涉及未成年人受教育权的保护和学校自主管理权的限度问题。我国教育法律法规并未限制文身学生受教育的权利，即便有文身，未成年人仍然属于《宪法》及《未成年人保护法》的保护对象，学校应保障未成年人的受教育权，对于已经文身的未成年人，不能剥夺其受教育的权利。

‖ 习近平法治思想指引 ‖

推动城乡义务教育一体化发展，高度重视农村义务教育，办好学前教育、特殊教育和网络教育，普及高中阶段教育，努力让每个孩子都能享有公平而有质量的教育。

——2017年10月18日，习近平在中国共产党第十九次全国代表大会上的报告

16. 妇女的合法权益受到宪法保护

‖ 重点法条 ‖

《宪法》第四十八条　中华人民共和国妇女在政治的、经济的、文化

的、社会的和家庭的生活等各方面享有同男子平等的权利。

国家保护妇女的权利和利益，实行男女同工同酬，培养和选拔妇女干部。

条文解读

国家对妇女权益的保护方针有三个方面：第一，国家保护妇女的权利和利益，即妇女依法享有的各项权利和利益，都受到宪法和法律的保护，任何组织和个人都不得侵犯。目前，我国的《民法典》《刑法》《全国人民代表大会和地方各级人民代表大会选举法》等法律对妇女的权利和利益都有专门的保护规定，国家还制定了《妇女权益保障法》《母婴保健法》等专门保护妇女权利和利益的法律。第二，国家实行男女同工同酬，即如果妇女与男子从事同一种工作，技术水平、熟练程度与男子相同，就应当获得与男子相同的报酬。第三，国家培养和选拔妇女干部，即国家在挑选干部人选时要注意妇女干部的配备，大胆使用和提拔经过实践证明有能力的、群众信得过的德才兼备的妇女干部，提高妇女在国家和社会生活中的地位。对于国家培养和选拔妇女干部，《妇女权益保障法》第十五条规定："国家积极培养和选拔女干部，重视培养和选拔少数民族女干部。国家机关、群团组织、企业事业单位培养、选拔和任用干部，应当坚持男女平等的原则，并有适当数量的妇女担任领导成员。妇女联合会及其团体会员，可以向国家机关、群团组织、企业事业单位推荐女干部。国家采取措施支持女性人才成长。"

典型案例

俞某某（女）自2016年11月起与宁波市某科技公司签订两次劳动合同，末次合同届满期为2022年11月，均约定从事管理岗位。2020年1月，俞某某怀孕，属高龄孕妇，身体状况不稳定。同年4月，公司以疫情影响及生产经营调整为由，将俞某某的工作分解移交，并要求其从事车间操作岗位，工作环境相对嘈杂，不利于孕期女职工，双方未达成合意。公司将俞某某的电脑主机收回致使其无法工作，并导致其仅打卡考勤未提供任何实际劳动。5月起，公司降低其工资标准。俞某某自2020年8月至12月休产假，又因产假前跟公司的种种纠纷导致产后抑郁，自2021年1月至2021年12月休病假。

这期间，公司未足额支付其工资及疾病救济费。

2020 年 5 月俞某某家属向宁波市总工会职工服务中心申请工会法律援助。历经仲裁与诉讼程序，俞某某最终维权成功，收到公司一次性伤残就业补助金、生育津贴差额、补发工资、病假工资、疾病救济费、解除劳动合同经济补偿金等共计 65 786.31 元。

‖ 案例解读 ‖

本案是一起用人单位对孕期女职工恶意调岗、降低工资、克扣生育津贴的典型案例。根据《宪法》《妇女权益保障法》《劳动合同法》等法律法规，女职工在孕期、产期、哺乳期受到特殊保护，用人单位应当执行国家有关女职工禁忌从事的劳动范围的规定，不得降低其工资、予以辞退、与其解除劳动或者聘用合同。女职工参加生育保险的，生育津贴计发标准低于女职工产假前工资标准的，有条件的用人单位可以对差额部分予以补足，有效保障妇女的合法权益。

‖ 习近平法治思想指引 ‖

在中国人民追求美好生活的过程中，每一位妇女都有人生出彩和梦想成真的机会。中国将更加积极贯彻男女平等基本国策，发挥妇女"半边天"作用，支持妇女建功立业、实现人生理想和梦想。中国妇女也将通过自身发展不断促进世界妇女运动发展，为全球男女平等事业作出更大贡献。

——2015 年 9 月 27 日，习近平在全球妇女峰会上的讲话

17. 中华人民共和国公民有监督国家机关和国家工作人员的权利

‖ 重点法条 ‖

《宪法》第四十一条 中华人民共和国公民对于任何国家机关和国家工作人员，有提出批评和建议的权利；对于任何国家机关和国家工作人员的违法失职行为，有向有关国家机关提出申诉、控告或者检举的权利，但是不得捏造或者歪曲事实进行诬告陷害。

> 对于公民的申诉、控告或者检举，有关国家机关必须查清事实，负责处理。任何人不得压制和打击报复。
>
> 由于国家机关和国家工作人员侵犯公民权利而受到损失的人，有依照法律规定取得赔偿的权利。

条文解读

监督权，主要是指公民依照宪法和法律规定监督国家机关及其工作人员活动的权利。根据《宪法》第四十一条，监督权的内容具体包括：第一，批评、建议权。批评，即公民在国家政治生活和社会生活中，有权对国家机关及其工作人员的缺点、错误提出批评意见，其形式是多样化的。建议，即公民通过一定的形式向国家机关及其工作人员提出合理化意见。由于信息掌握受限等方面的原因，公民在行使批评、建议权的时候，其内容也可能不正确。因此，国家机关及其工作人员，对公民的批评、建议应采取宽容的态度，不能滥用公权力打击报复提出批评意见的群众。第二，控告、检举权。控告、检举权是指公民对于任何国家机关和工作人员的违法失职行为，有权向有关国家机关提出控告，揭发违法失职与犯罪行为，请求有关机关对违法失职者给予制裁。第三，申诉权。当自己的合法权益受到侵犯时，公民有权向各级国家机关提出申诉。申诉权分为诉讼上的申诉权与非诉讼上的申诉权。诉讼上的申诉权是指当事人或其他公民认为人民法院已经发生法律效力的判决或裁定确有错误时，依法向司法机关提出申请要求重新审查处理的权利。非诉讼上的申诉权是指公民对行政机关的决定不服，向其上级机关提出申请，要求重新处理的权利。

监督权作为公民的基本权利，对国家机关及其工作人员的活动产生直接约束力。《宪法》第四十一条第二款规定："对于公民的申诉、控告或者检举，有关国家机关必须查清事实，负责处理。任何人不得压制和打击报复。"法律对此作了严格的保护性规定，如《刑法》第二百五十四条规定："国家机关工作人员滥用职权、假公济私，对控告人、申诉人、批评人、举报人实行报复陷害的，处二年以下有期徒刑或者拘役；情节严重的，处二年以上七年以下有期徒刑。"公民行使监督权时，客观上存在一定界限。此外，公民行使申诉、控告或者检举权利时，不得捏造或者歪曲事实进行诬告陷害，否则须承担相应的责任。

▌典型案例 ▌

2022年5月，江岸区纪委监委收到丹水池街道居民熊某某实名举报区城管执法局执法大队直属二中队队长周某因索贿不成打击报复，无故开除其儿子的问题。经查，熊某某儿子为区城管局执法大队直属二中队协管员，2022年4月区城管局执法大队在常态化集中组织协管人员涉毒检测中发现，熊某某儿子尿检结果异常，经向公安机关核实，其儿子存在长期吸毒行为，并于2013年至2018年期间先后5次被公安机关行政拘留。5月12日，经区城管局执法大队党总支研究决定将其退回劳务派遣公司，不存在队长周某因索贿不成无故开除的情况。熊某某的行为构成诬告陷害，鉴于其诬告行为影响轻微，2022年5月，江岸区纪委监委对熊某某进行警示谈话处理。

▌案例解读 ▌

《宪法》第四十一条第一款规定："中华人民共和国公民对于任何国家机关和国家工作人员，有提出批评和建议的权利；对于任何国家机关和国家工作人员的违法失职行为，有向有关国家机关提出申诉、控告或者检举的权利，但是不得捏造或者歪曲事实进行诬告陷害。"现实生活中，部分公民滥用监督权，捏造或歪曲事实对正常履职的国家工作人员进行诬告陷害，既会影响到涉案国家机关的正常工作运行，也会徒然增加国家监察机关的工作量，导致正常的违纪举报得不到处理，影响其他公民的合法权益。

▌习近平法治思想指引 ▌

任何人都没有法律之外的绝对权力，任何人行使权力都必须为人民服务、对人民负责并自觉接受人民监督。

——2013年1月22日，习近平在第十八届中央纪律检查委员会第二次全体会议上的讲话

权力监督的目的是保证公权力正确行使，更好促进干部履职尽责、干事创业。既要管住乱用滥用权力的渎职行为，又要管住不用弃用权力的失职行

为，整治不担当、不作为、慢作为、假作为，注意保护那些敢于负责、敢于担当作为的干部，对那些受到诬告陷害的干部要及时予以澄清，形成激浊扬清、干事创业的良好政治生态。

——2018年12月13日，习近平在十九届中共中央政治局第十一次集体学习时的讲话

18. 中华人民共和国公民有维护国家统一和民族团结的义务

‖ 重点法条 ‖

《宪法》第五十二条　中华人民共和国公民有维护国家统一和全国各民族团结的义务。

‖ 条文解读 ‖

维护国家统一是公民的一项基本义务。国家的统一包括以下几个方面的内容：（1）国家领土的统一，即国家的领陆、领海、领空是完整的统一体，属于中华人民共和国所有，中华人民共和国享有完整的所有权和管辖权，任何人不得破坏和分裂。（2）国家政权的统一，即中华人民共和国中央人民政府是中国唯一合法的统辖全国的政府，任何人不得分裂国家政权，破坏国家政权的统一。（3）国家主权的统一，即中华人民共和国享有独立自主地处理本国对内对外事务、不受外国或者其他势力干预的权力。任何人不得以任何方式破坏国家主权的统一，使国家主权从属于外国支配。

各民族团结互助，是各民族共同发展和繁荣的基本条件。各民族之间应当提倡互爱、互谅、互助。维护民族团结是指公民有责任维护民族之间的平等、团结、互助、和谐的关系，共同铸牢中华民族共同体意识。任何人不得以任何形式制造民族纠纷，破坏民族团结。

‖ 典型案例 ‖

2016年10月，香港特别行政区新一届立法会议员举行宣誓仪式，特别行政区政府认为，梁某某、罗某某、刘某某及姚某某四人私自篡改誓词、改变宣誓形式，是不庄严和不真诚宣誓的表现，因此提出司法复核。2017年7月

14 日，香港高等法院裁定四人宣誓无效，且自宣誓当日即 2016 年 10 月 12 日起丧失议员资格，禁止四人以立法会议员身份行事，并颁令四人需要支付政府的诉讼费。该案件是在全国人大常委会就香港基本法第 104 条作出解释后，法院继梁、游案再次判定立法会议员宣誓无效。"梁某某等因宣誓无效被香港高等法院宣告丧失议员资格事件"被列为 2017 年度"十大宪法事例"之一。

▋案例解读 ▋

根据《宪法》《香港特别行政区基本法》与香港特别行政区本地法例《宣誓及声明条例》，立法会议员所作宣誓的实质，是从法律上公开承诺对所属宪制的忠诚，拥护"一国两制"，维护国家统一。梁某某、罗某某、刘某某及姚某某四人私自篡改誓词、改变宣誓人、故意宣读与法定誓言不一致的誓言或者以任何不真诚、不庄重的方式宣誓，属于拒绝宣誓，所作宣誓无效，宣誓人即丧失就任该条所列相应公职的资格。

▋习近平法治思想指引 ▋

中国人民有坚定的意志、充分的信心、足够的能力挫败一切分裂国家的活动！中国人民和中华民族有一个共同信念，这就是：我们伟大祖国的每一寸领土都绝对不能也绝对不可能从中国分割出去！

——2018 年 3 月 20 日，习近平在第十三届全国人民代表大会第一次会议上的讲话

19. 中华人民共和国公民有维护祖国的安全、荣誉和利益的义务

▋重点法条 ▋

《宪法》第五十四条　中华人民共和国公民有维护祖国的安全、荣誉和利益的义务，不得有危害祖国的安全、荣誉和利益的行为。

▋条文解读 ▋

祖国的安全是指中华人民共和国的国家安全。它主要包括：（1）国家的

领土、主权不受侵犯；（2）国家的政权不受威胁；（3）国家的社会秩序不被破坏；（4）国家的秘密不被泄露。祖国的荣誉是指中华人民共和国的国家荣誉和尊严。它主要包括：（1）国家的尊严不受侵犯；（2）国家的信誉不受破坏；（3）国家的荣誉不受玷污；（4）国家的名誉不受侮辱。祖国的利益是指中华人民共和国的国家利益。国家利益的范围十分广泛，对外主要是指国家政治、经济、文化、荣誉等方面的权利和利益，对内主要是指相对于集体利益和个人利益的国家利益。对于危害国家安全、荣誉和利益的行为及其法律责任，《国家安全法》《刑法》《反间谍法》等法律都已经作出了规定。

▍典型案例▍

黄某某通过 QQ 与一位境外人员结识，后多次按照对方要求到军港附近进行观测，采取望远镜观看、手机拍摄等方式，搜集军港内军舰信息，整编后传送给对方，以获取报酬。至案发，黄某某累计向境外人员报送信息 90 余次，收取报酬 5.4 万元。经鉴定，黄某某向境外人员提供的信息属一项机密级军事秘密。后法院对黄某某以为境外刺探、非法提供国家秘密罪判处有期徒刑五年，剥夺政治权利一年，并处没收个人财产人民币五万元。

▍案例解读▍

根据《宪法》第五十四条的规定，中华人民共和国公民有维护国家安全的义务。黄某某无视国家宪法、法律，接受境外人员指使，积极为境外人员刺探、非法提供国家秘密，其行为危害国家安全，应当受到法律的制裁。

▍习近平法治思想指引▍

当前，世界百年未有之大变局加速演进，中华民族伟大复兴进入关键时期，我们面临的风险挑战明显增多，总想过太平日子、不想斗争是不切实际的。共产党人任何时候都要有不信邪、不怕鬼、不当软骨头的风骨、气节、胆魄。

——2021 年 9 月 1 日，习近平在中央党校（国家行政学院）中青年干部培训班开班式上的讲话

20. 中华人民共和国公民有保卫国家和服兵役的义务

▮▮ 重点法条 ▮▮

> 《宪法》第五十五条　保卫祖国、抵抗侵略是中华人民共和国每一个公民的神圣职责。
> 依照法律服兵役和参加民兵组织是中华人民共和国公民的光荣义务。

▮▮ 条文解读 ▮▮

保卫祖国是指保卫国家领土完整、主权独立、政权统一以及捍卫国家的尊严。抵抗侵略是指抵御抗拒外国及其他外来势力对我国领土的非法入侵。公民保卫祖国、抵抗侵略的直接方式就是服兵役和参加民兵组织。服兵役包括参加中国人民解放军和中国人民武装警察部队。民兵组织是指不脱离生产的群众武装组织，是中国人民解放军的助手和后备力量。服兵役、参加民兵组织是公民的一项光荣义务和神圣职责。

▮▮ 典型案例 ▮▮

张某在某军校毕业后，被分配到某军事高校当教员，工作时间不长，就产生了失落感。他觉得学校位置太偏、收入不高，没前途，于是工作不再认真，学员们也不喜欢上他的课。张某将大部分精力投入到考研上，意图借此机会脱离学校。于是，张某向学校递交了"研究生毕业后会回学校继续工作"的保证书。但是，张某在研究生毕业后，并没有回到学校继续工作，反而铤而走险，逃离部队。在毕业前夕直接到某科技公司工作。张某在逃离部队后，学校曾不止一次派人去找寻，并到他家中做其家人的工作，希望他的家人规劝他尽快归队，争取从宽处理。张某虽然知道了部队一直在找他，但是他存在侥幸心理，在几年后，学院才将他找到。军事法院以逃离部队罪判处王某有期徒刑。

▮▮ 案例解读 ▮▮

依法服兵役是宪法和法律赋予公民的权利和义务。我国《宪法》、《国防法》和《兵役法》都规定了中华人民共和国公民依照法律服兵役的义务。公民依法服兵役后，就和国家、军队之间形成了一种新的法律关系。作为军人，除了享有公民的权利、履行公民的义务外，还由于服兵役而享有新的权利，及履行相应的义务。这种严格的法律关系，保证和维护了军队的稳定和战斗力，保障了国家的安全和利益。王某作为受过高等教育的军人，明知自己的行为严重违法，为了自己的利益，仍长期逃离部队，最终受到法律制裁。

▋ 习近平法治思想指引 ▋

我们的国防是全民的国防，推进国防和军队现代化是全党全国人民的共同事业。中央和国家机关、地方各级党委和政府要强化国防意识，满腔热忱支持国防和军队建设改革，为强军创造良好条件、提供有力支撑。

——2017年8月1日，习近平在庆祝中国人民解放军建军90周年大会上的讲话

21. 中华人民共和国公民有纳税的义务

▋ 重点法条 ▋

《宪法》第五十六条　中华人民共和国公民有依照法律纳税的义务。

▋ 条文解读 ▋

税收是一项严肃和稳定的国家活动，具有强制性、无偿性和权威性，因此，必须由具有很高位阶的法律予以规定。在我国，决定税收的机关是全国人民代表大会及其常务委员会。根据宪法规定，只有法律才能规定公民的纳税义务。《立法法》第十一条规定，税种的设立、税率的确定和税收征收管理等税收基本制度的事项，属于全国人大及其常委会的专属立法权限，即只能由法律予以规定。目前，我国已制定或修改了《税收征收管理法》《个人所得税法》等法律，对我国公民的纳税义务作出规定。1984年全国人大常委会决定，授权国务院在经济体制改革期间，就改革工商税制发布有关条例草案试行。因此，国务院根据授权制定了一些确定公民纳税义务的行政法规。

《立法法》明确规定，应当由全国人民代表大会及其常务委员会制定法律的事项，国务院根据全国人民代表大会及其常务委员会的授权决定先制定的行政法规，经过实践检验，制定法律的条件成熟时，国务院应及时提请全国人民代表大会及其常务委员会制定法律。

典型案例

1995年10月17日，四川省成都市苏坡税务所的数名税务干部前往红碾村进行税务检查。在检查到张某某所开的皮鞋生产作坊时，张某某阻止税务干部进入其生产场所进行检查，并用下流语言辱骂税务干部。在税务干部多次耐心地向其宣传依法纳税的义务无效的情况下，税务干部依照国家税法的有关规定对其作坊进行强行检查。当发现张某某开办皮鞋生产作坊以来，多次拒绝向税务所申报纳税，欠税总额4 859.92元的违法事实时，张某某恼羞成怒，居然公开用铁锤威胁并欲殴打税务干部，并引起不明真相围观群众的起哄和抓扯，致使数名税务干部受伤。在联防队和派出所干警的制止下才平息了事态。

案例解读

《宪法》第五十六条规定："中华人民共和国公民有依照法律纳税的义务。"依法纳税是每个纳税企业和个人对国家应尽的光荣义务，是支援祖国建设的实际行动，是爱国的表现。但是，现实生活中，也有个别企业和个人由于法制观念淡薄，存在偷税、漏税和抗税的现象。像本案中的张某某，以暴力、威胁方法拒不缴纳税款，就是一种严重违法的抗税行为，理应受到法律制裁。

第四编 国家机构

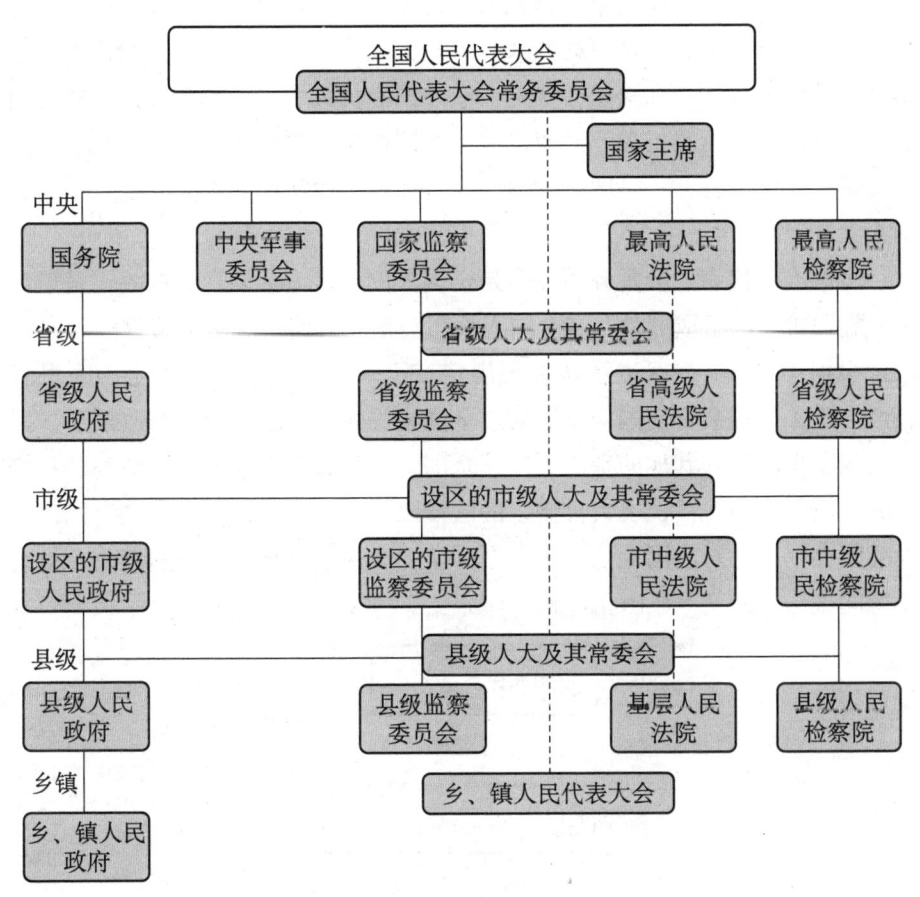

我国国家机构体系图

1. 全国人民代表大会的性质和地位

▌ 重点法条 ▌

《宪法》第五十七条　中华人民共和国全国人民代表大会是最高国家权力机关。它的常设机关是全国人民代表大会常务委员会。

> 《宪法》第五十八条　全国人民代表大会和全国人民代表大会常务委员会行使国家立法权。

条文解读

全国人民代表大会是最高国家权力机关，体现在以下几个方面：一是有权撤销省、自治区、直辖市的国家权力机关制定的同宪法、法律和行政法规相抵触的地方性法规和决议；二是在中央国家机关中，全国人大处于核心地位，国家的最高行政机关、监察机关、审判机关和检察机关都由它产生、向它负责、受它监督；三是国家政治、经济和社会生活中的重大问题也都由全国人大决定。

全国人民代表大会常务委员会是全国人民代表大会的常设机关，是最高国家权力机关的组成部分，在全国人大闭会期间行使宪法赋予的职权。

根据《宪法》和《立法法》的规定，全国人民代表大会和全国人民代表大会常务委员会行使国家立法权。全国人民代表大会制定和修改刑事、民事、国家机构的和其他的基本法律；全国人民代表大会常务委员会制定和修改除应当由全国人民代表大会制定的法律以外的其他法律，在全国人民代表大会闭会期间，对全国人民代表大会制定的法律进行部分补充和修改，但是不得同该法律的基本原则相抵触。

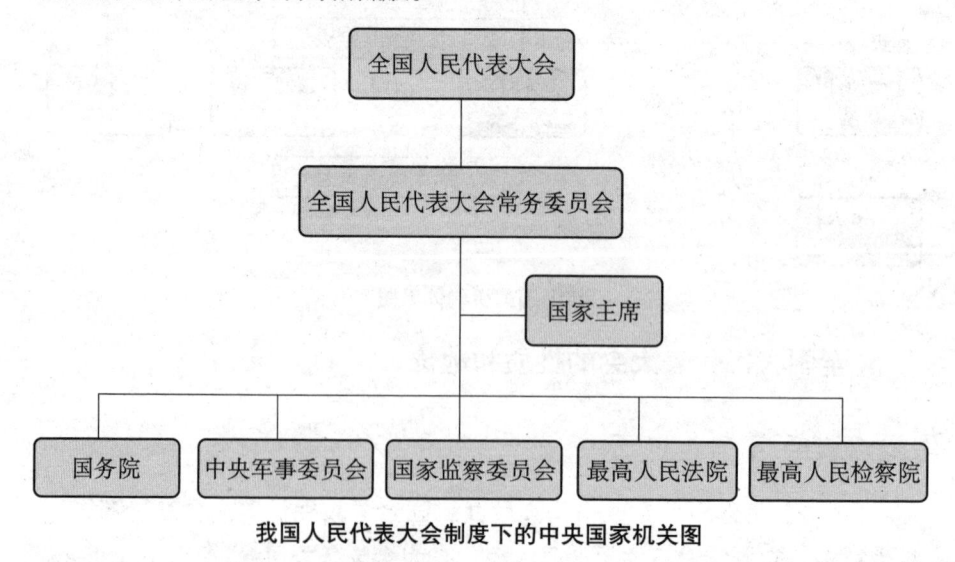

我国人民代表大会制度下的中央国家机关图

典型案例

上海在党和国家工作全局中具有十分重要的地位，为支持浦东高水平改革开放，深入推进高水平制度型开放，2021年4月23日，中共中央、国务院发布了《关于支持浦东新区高水平改革开放打造社会主义现代化建设引领区的意见》，指出为支持浦东新区高水平改革开放、打造社会主义现代化建设引领区，引领带动上海"五个中心"建设，更好地服务全国大局和带动长三角一体化发展战略实施，需要强化相应的法治保障，建立完善与支持浦东大胆试、大胆闯、自主改相适应的法治保障体系。

2021年6月10日，第十三届全国人大常委会第二十九次会议通过了《关于授权上海市人民代表大会及其常务委员会制定浦东新区法规的决定》（简称《授权决定》）。《授权决定》指出：全国人大常委会授权上海市人大及其常委会根据浦东改革创新实践需要，遵循宪法规定以及法律和行政法规基本原则，制定浦东新区法规，在浦东新区实施；根据该决定制定的浦东新区法规，应当依照《立法法》的有关规定分别报全国人大常委会和国务院备案；浦东新区法规报送备案时，应当说明对法律、行政法规、部门规章作出变通规定的情况。

案例解读

《授权决定》在法律层面找不到明确的规范依据，因此全国人大常委会授权制定浦东新区法规这一行为的权力来源应当到《宪法》中寻找。此次授权与2000年《立法法》颁布之前全国人大以及全国人大常委会授予经济特区法规制定权所面对的处境相类似：都是在法律层面规范依据不足的情况下，授予了特定地方人大及其常委会以立法变通权，授予的权力内容实质上也相同。

由此，《宪法》第五十八条应当作为全国人大及其常委会授权立法的规范依据，授权立法实际上是国家立法权行使的例外情形。经济特区法规制定权的授予和浦东新区法规制定权的授予均属于授权立法，并且均符合授权立法共通的授权逻辑。综上所述，《授权决定》的规范依据是《宪法》第五十八条规定。

▍习近平法治思想指引 ▍

在中国实行人民代表大会制度，是中国人民在人类政治制度史上的伟大创造，是深刻总结近代以后中国政治生活惨痛教训得出的基本结论，是中国社会 100 多年激越变革、激荡发展的历史结果，是中国人民翻身作主、掌握自己命运的必然选择。

——2014 年 9 月 5 日，习近平在庆祝全国人民代表大会成立 60 周年大会上的讲话

人民代表大会制度，坚持中国共产党领导，坚持马克思主义国家学说的基本原则，适应人民民主专政的国体，有效保证国家沿着社会主义道路前进。人民代表大会制度，坚持国家一切权力属于人民，最大限度保障人民当家作主，把党的领导、人民当家作主、依法治国有机统一起来，有效保证国家治理跳出治乱兴衰的历史周期率。人民代表大会制度，正确处理事关国家前途命运的一系列重大政治关系，实现国家统一高效组织各项事业，维护国家统一和民族团结，有效保证国家政治生活既充满活力又安定有序。

——2021 年 10 月 13 日，习近平在中央人大工作会议上的讲话

2. 全国人民代表大会的组成、选举和任期

▍重点法条 ▍

《宪法》第五十九条　全国人民代表大会由省、自治区、直辖市、特别行政区和军队选出的代表组成。各少数民族都应当有适当名额的代表。

全国人民代表大会代表的选举由全国人民代表大会常务委员会主持。

全国人民代表大会代表名额和代表产生办法由法律规定。

《宪法》第六十条　全国人民代表大会每届任期五年。

全国人民代表大会任期届满的两个月以前，全国人民代表大会常务委员会必须完成下届全国人民代表大会代表的选举。如果遇到不能进行选举的非常情况，由全国人民代表大会常务委员会以全体组成人员的三分之二以上的多数通过，可以推迟选举，延长本届全国人民代表大会的任期。在非常情况结束后一年内，必须完成下届全国人民代表大会代表的选举。

条文解读

根据《全国人民代表大会和地方各级人民代表大会选举法》第十六条的规定，全国人民代表大会的代表，由省、自治区、直辖市的人民代表大会和人民解放军选举产生。全国人民代表大会代表的名额不超过3000人。香港特别行政区、澳门特别行政区应选全国人民代表大会代表的名额和代表产生办法，由全国人民代表大会另行规定。

根据《全国人民代表大会和地方各级人民代表大会选举法》第十七条的规定，全国人民代表大会代表名额，由全国人民代表大会常务委员会根据各省、自治区、直辖市的人口数，按照每一代表所代表的城乡人口数相同的原则，以及保证各地区、各民族、各方面都有适当数量代表的要求进行分配。省、自治区、直辖市应选全国人民代表大会代表名额，由根据人口数计算确定的名额数、相同的地区基本名额数和其他应选名额数构成。全国人民代表大会代表名额的具体分配，由全国人民代表大会常务委员会决定。

根据《全国人民代表大会和地方各级人民代表大会选举法》第十八条的规定，全国少数民族应选全国人民代表大会代表，由全国人民代表大会常务委员会参照各少数民族的人口数和分布等情况，分配给各省、自治区、直辖市的人民代表大会选出。人口特少的民族，至少应有代表1人。

全国人民代表大会代表每届任期五年，从每届全国人民代表大会举行第一次会议开始，到下届全国人民代表大会举行第一次会议为止。

典型案例

2023年2月24日，十三届全国人大常委会第三十九次会议表决通过关于十四届全国人大代表的代表资格的审查报告，确认2977名代表的代表资格有效。随后，全国人大常委会发表公告，公布十四届全国人大代表名单。少数民族代表442名，占代表总数的14.85%，全国55个少数民族都有十四届全国人大代表；归侨代表42名；连任代表797名，占代表总数的26.77%；妇女代表790名，占代表总数的26.54%，与上届相比提高了1.64个百分点；一线工人、农民代表497名，占代表总数的16.69%，提高了0.99个百分点，其中有56名农民工代表；专业技术人员代表634名，占代表总数的21.3%，提高了0.73个百分点；党政领导干部代表969名，占代表总数的 32.55%，降低了 1.38 个百分点。

▎案例解读▎

我国《选举法》明确规定，全国人民代表大会和地方各级人民代表大会的代表应当具有广泛的代表性，应当有适当数量的基层代表，特别是工人、农民和知识分子代表；应当有适当数量的妇女代表，并逐步提高妇女代表的比例。

审查报告显示，"拥护中国共产党的领导和中国特色社会主义制度""模范遵守宪法和法律""密切联系人民群众""得到群众广泛认同"等，是十四届代表们的共同特点。这次选举，选出的代表代表性强、结构性好。细看十四届全国人大代表相关数据，2 977 名代表具有十分鲜明的广泛代表性，保证了各地区、各民族、各方面都有适当数量代表的要求。

▎习近平法治思想指引▎

选举人大代表，是人民代表大会制度的基础，是人民当家作主的重要体现。要把民主选举、民主协商、民主决策、民主管理、民主监督各个环节贯通起来，不断发展全过程人民民主，更好保证人民当家作主。要加强选举全过程监督，坚决查处选举中的不正之风，确保选举工作风清气正，确保选举结果人民满意。

——2021 年 11 月 5 日，习近平在参加北京市区人大代表换届选举投票时强调

3. 全国人民代表大会的职权

▎重点法条▎

《宪法》第六十二条　全国人民代表大会行使下列职权：

（一）修改宪法；

（二）监督宪法的实施；

（三）制定和修改刑事、民事、国家机构的和其他的基本法律；

（四）选举中华人民共和国主席、副主席；

（五）根据中华人民共和国主席的提名，决定国务院总理的人选；根据国务院总理的提名，决定国务院副总理、国务委员、各部部长、各委员会主任、审计长、秘书长的人选；

（六）选举中央军事委员会主席；根据中央军事委员会主席的提名，决定中央军事委员会其他组成人员的人选；

（七）选举国家监察委员会主任；

（八）选举最高人民法院院长；

（九）选举最高人民检察院检察长；

（十）审查和批准国民经济和社会发展计划和计划执行情况的报告；

（十一）审查和批准国家的预算和预算执行情况的报告；

（十二）改变或者撤销全国人民代表大会常务委员会不适当的决定；

（十三）批准省、自治区和直辖市的建置；

（十四）决定特别行政区的设立及其制度；

（十五）决定战争和和平的问题；

（十六）应当由最高国家权力机关行使的其他职权。

条文解读

《宪法》第六十二条具体规定了全国人民代表大会的16项职权，可以归纳为八个方面：

第一，修改宪法和监督宪法实施的权力。宪法的修改由全国人大常委会或1/5以上的全国人民代表大会代表提议，并由全国人民代表大会以全体代表的2/3以上的多数通过。

第二，制定和修改基本法律的权力。全国人民代表大会行使国家立法权，有权制定和修改有关刑事、民事、国家机构的法律和其他基本法律。

第三，对中央国家机关组成人员选举、决定和罢免的权力。全国人民代表大会选举并有权罢免全国人大常委会的组成人员；选举并有权罢免国家主席、副主席；根据国家主席的提名，决定国务院总理的人选，根据国务院总理的提名，决定国务院副总理、国务委员、各部部长、各委员会主任、审计长和秘书长的人选，并有权罢免国务院总理和国务院其他组成人员；选举中央军事委员会主席，根据中央军事委员会主席的提名，决定中央军事委员会其他组成人员的人选，并有权罢免中央军事委员会主席和中央军事委员会其他组成人员；选举并有权罢免国家监察委员会主任，选举并有权罢免最高人民法院院长和最高人民检察院检察长。

第四，决定重大国家事项的权力。全国人民代表大会审查和批准国民经济和社会发展计划和计划执行情况的报告；审查和批准国家的预算和预算执行情况的报告；批准省、自治区和直辖市的建置；决定特别行政区的设立及其制度；决定战争和和平的问题。

第五，监督其他中央国家机关的权力。全国人大常委会对全国人民代表大会负责并报告工作，全国人民代表大会有权改变或者撤销全国人大常委会不适当的决定和法律；国务院对全国人民代表大会负责并报告工作；中央军事委员会主席对全国人民代表大会负责；国家监察委员会对全国人民代表大会负责；最高人民法院和最高人民检察院对全国人民代表大会负责。

第六，应当由最高国家权力机关行使的其他职权。鉴于国家政治经济社会生活的复杂性，宪法不可能完全列举全国人大的职权，而国家的一些重大问题又必须由全国人大处理，为此，宪法赋予全国人大行使作为最高国家权力机关应当行使的其他职权。

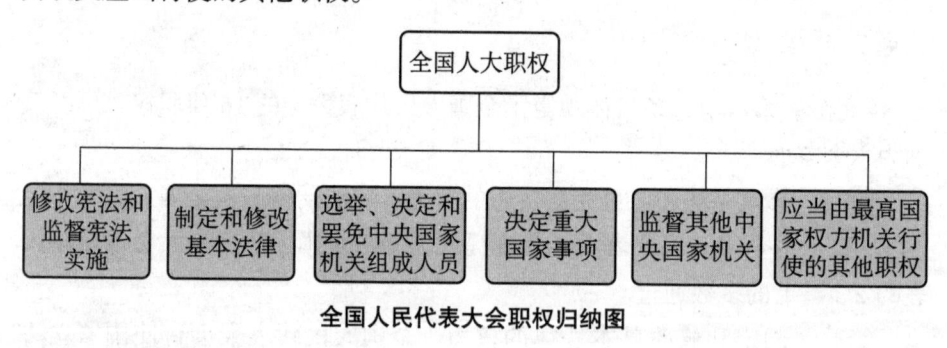

全国人民代表大会职权归纳图

典型案例一

《立法法》是规范国家立法制度和立法活动、维护社会主义法治统一的基本法律。我国现行《立法法》是2000年3月九届全国人大三次会议通过的，2015年3月十二届全国人大三次会议作了部分修改。2023年3月13日第十四届全国人民代表大会第一次会议通过了关于修改《中华人民共和国立法法》的决定，决定自 2023 年 3 月 15 日起施行。

案例解读

2023 年 3 月 7 日，十四届全国人大一次会议各代表团审议立法法修正草案。代表们认为，修改完善立法法，进一步健全立法体制机制，规范立法活动，为提高立法质量和效率、加快形成完备的法律规范体系、建设中国特色社会主义法治体系、在法治轨道上全面建设社会主义现代化国家提供有力制度支撑，意义重大。

此次立法法的修改，是深入贯彻党的二十大精神和习近平法治思想的生动实践，是对立法领域所出现的新挑战、新特点的有效回应，必将为全面建设社会主义现代化国家提供更为坚实的法治保障。

典型案例二

2023 年 3 月 5 日，李克强同志代表国务院在十四届全国人大一次会议上作政府工作报告。李克强表示："本届政府任期即将结束。现在，我代表国务院，向大会报告工作，请予审议，并请全国政协委员提出意见。"

案例解读

2023 年 3 月 13 日，第十四届全国人民代表大会第一次会议听取和审议了国务院总理李克强所作的政府工作报告。会议高度评价了新时代十年我国经济社会发展取得的历史性成就、发生的历史性变革，充分肯定了国务院过去一年和五年的工作，同意报告提出的 2023 年经济社会发展的总体要求、主要目标、政策取向和重点工作，决定批准这个报告。

典型案例三

2018 年 3 月召开的十三届全国人大一次会议通过了《宪法修正案》和《监察法》。其中《宪法修正案》增加"监察委员会"一节，《监察法》第十四条规定，国家实行监察官制度，依法确定监察官的等级设置、任免、考评和晋升等制度。制定监察官法是深化国家监察体制改革的一项重要任务，是落实《宪法》和《监察法》规定的重要举措。2021年8月20日，十三届全国人大常委会第三十次会议通过《监察官法》。该法共9章68条，是继《监察法》《公职人员政务处分法》之后，又一部关于深化国家监察制度改革的法律。

▮案例解读▮

自2022年1月1日起，《监察官法》正式施行。《监察官法》深入贯彻习近平新时代中国特色社会主义思想，认真落实党中央深化国家监察体制改革的重大决策部署，以《宪法》和《监察法》为依据，坚持党管干部原则，坚持"责任法"的定位，秉持全心全意为人民服务的宗旨，坚持以人民为中心的发展思想，构建中国特色监察官制度，是不敢腐、不能腐、不想腐一体推进的又一重要制度性成果，进一步丰富了国家反腐败立法。

▮习近平法治思想指引▮

全国人大及其常委会要完善宪法相关法律制度，保证宪法确立的制度、原则、规则得到全面实施；加强对宪法法律实施情况的监督检查，提高合宪性审查、备案审查工作质量，坚决纠正违宪违法行为；落实宪法解释程序机制，积极回应涉及宪法有关问题的关切。要健全中央依照宪法和特别行政区基本法对特别行政区行使全面管治权的法律制度，完善特别行政区同宪法和基本法实施相关的制度和机制，维护宪法和基本法确定的特别行政区宪制秩序和法治秩序。地方各级人大及其常委会要依法行使职权，保证宪法法律在本行政区域内得到遵守和执行，自觉维护国家法治统一。

——2021年10月13日，习近平在中央人大工作会议上的讲话

人民代表大会制度的重要原则和制度设计的基本要求，就是任何国家机关及其工作人员的权力都要受到监督和制约。要更好发挥人大监督在党和国家监督体系中的重要作用，让人民监督权力，让权力在阳光下运行，用制度的笼子管住权力，用法治的缰绳驾驭权力。

——2021年10月13日，习近平在中央人大工作会议上的讲话

4. 全国人民代表大会常务委员会的组成、选举和任期

▓ 重点法条 ▓

《宪法》第六十五条 全国人民代表大会常务委员会由下列人员组成：

委员长，

副委员长若干人，

秘书长，

委员若干人。

全国人民代表大会常务委员会组成人员中，应当有适当名额的少数民族代表。

全国人民代表大会选举并有权罢免全国人民代表大会常务委员会的组成人员。

全国人民代表大会常务委员会的组成人员不得担任国家行政机关、监察机关、审判机关和检察机关的职务。

《宪法》第六十六条 全国人民代表大会常务委员会每届任期同全国人民代表大会每届任期相同，它行使职权到下届全国人民代表大会选出新的常务委员会为止。

委员长、副委员长连续任职不得超过两届。

▓ 条文解读 ▓

全国人大常委会由委员长、副委员长若干人、秘书长、委员若干人组成。全国人民代表大会常务委员会委员长、副委员长、秘书长、委员的人选，由主席团提名，经各代表团酝酿协商后，再由主席团根据多数代表的意见确定正式候选人名单。

全国人民代表大会会议选举或者决定任命，采用无记名投票方式。得票数超过全体代表的半数的，始得当选或者通过。大会全体会议选举或者表决任命案的时候，设秘密写票处。选举或者表决结果，由会议主持人当场宣布。候选人的得票数，应当公布。全国人民代表大会会议选举和决定任命的具体办法，由大会全体会议通过。

全国人大常委会的组成人员不得担任国家行政机关、监察机关、审判机

关和检察机关的职务；如果担任上述职务，必须向全国人大常委会辞去常务委员会的职务。

全国人大常委会每届任期同全国人民代表大会每届任期相同。委员长、副委员长连续任职不得超过两届。

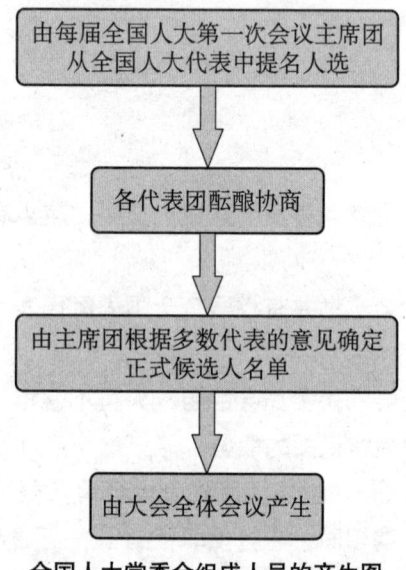

```
由每届全国人大第一次会议主席团
从全国人大代表中提名人选
        ↓
    各代表团酝酿协商
        ↓
由主席团根据多数代表的意见确定
      正式候选人名单
        ↓
    由大会全体会议产生
```

全国人大常委会组成人员的产生图

5. 全国人民代表大会常务委员会的职权

▌重点法条▌

《宪法》第六十七条　全国人民代表大会常务委员会行使下列职权：

（一）解释宪法，监督宪法的实施；

（二）制定和修改除应当由全国人民代表大会制定的法律以外的其他法律；

（三）在全国人民代表大会闭会期间，对全国人民代表大会制定的法律进行部分补充和修改，但是不得同该法律的基本原则相抵触；

（四）解释法律；

（五）在全国人民代表大会闭会期间，审查和批准国民经济和社会发展计划、国家预算在执行过程中所必须作的部分调整方案；

（六）监督国务院、中央军事委员会、国家监察委员会、最高人民法院和最高人民检察院的工作；

（七）撤销国务院制定的同宪法、法律相抵触的行政法规、决定和命令；

（八）撤销省、自治区、直辖市国家权力机关制定的同宪法、法律和行政法规相抵触的地方性法规和决议；

（九）在全国人民代表大会闭会期间，根据国务院总理的提名，决定部长、委员会主任、审计长、秘书长的人选；

（十）在全国人民代表大会闭会期间，根据中央军事委员会主席的提名，决定中央军事委员会其他组成人员的人选；

（十一）根据国家监察委员会主任的提请，任免国家监察委员会副主任、委员；

（十二）根据最高人民法院院长的提请，任免最高人民法院副院长、审判员、审判委员会委员和军事法院院长；

（十三）根据最高人民检察院检察长的提请，任免最高人民检察院副检察长、检察员、检察委员会委员和军事检察院检察长，并且批准省、自治区、直辖市的人民检察院检察长的任免；

（十四）决定驻外全权代表的任免；

（十五）决定同外国缔结的条约和重要协定的批准和废除；

（十六）规定军人和外交人员的衔级制度和其他专门衔级制度；

（十七）规定和决定授予国家的勋章和荣誉称号；

（十八）决定特赦；

（十九）在全国人民代表大会闭会期间，如果遇到国家遭受武装侵犯或者必须履行国际间共同防止侵略的条约的情况，决定战争状态的宣布；

（二十）决定全国总动员或者局部动员；

（二十一）决定全国或者个别省、自治区、直辖市进入紧急状态；

（二十二）全国人民代表大会授予的其他职权。

条文解读

根据现行《宪法》和有关法律的规定，全国人大常委会的职权主要是：

第一，全国人大常委会有权解释宪法，监督宪法的实施。

第二，立法权。全国人大常委会有权制定和修改除应当由全国人民代表大会制定的法律以外的其他法律；在全国人民代表大会闭会期间，对全国人民代表大会制定的法律进行部分补充和修改，但是不得同该法律的基本原则相抵触。

第三，法律解释权。法律有以下情况之一的，由全国人大常委会解释：法律的规定需要进一步明确具体含义的；法律制定后出现新的情况，需要明确适用法律依据的。

第四，监督权。主要包括听取和审议国务院、国家监察委员会、最高人民法院和最高人民检察院的专项工作报告；审查和批准决算，听取和审议国民经济和社会发展计划、预算的执行情况报告，听取和审议审计工作报告；法律实施情况的检查；撤销国务院制定的同宪法、法律相抵触的行政法规、决定和命令，撤销省、自治区、直辖市国家权力机关制定的同宪法、法律和行政法规相抵触的地方性法规和决议；询问和质询；特定问题调查。

第五，重大国家事项决定权。主要包括在全国人民代表大会闭会期间审查和批准国民经济和社会发展计划以及预算在执行过程中必须作出的部分调整方案；决定同外国缔结的条约和重要协定的批准和废除，决定战争状态的宣布，决定全国总动员或局部动员，决定全国或个别省、自治区、直辖市进入紧急状态；规定军人和外交人员的衔级制度和其他专门衔级制度；规定和决定授予国家的勋章和荣誉称号。

第六，人事任免权。主要包括在全国人民代表大会闭会期间，根据国务院总理的提名，决定部长、委员会主任、审计长、秘书长的人选；根据中央军事委员会主席的提名，决定中央军事委员会其他组成人员的人选；根据国家监察委员会主任的提名，任免国家监察委员会副主任和委员；根据最高人民法院院长的提请，任免最高人民法院副院长、审判员、审判委员会委员和军事法院院长；根据最高人民检察院检察长的提请，任免最高人民检察院副检察长、检察员、检察委员会委员和军事检察院检察长，并且批准省、自治区、直辖市人民检察院检察长的任免；决定驻外全权代表的任免。

第七，全国人民代表大会授予的其他职权。例如，第七届全国人大第二次会议审议了国务院提请授权深圳市人民代表大会及其常务委员会和深圳市人民政府分别制定深圳经济特区法规和深圳经济特区规章的议案,决定授权全国人民代表大会常务委员会在深圳市依法选举产生市人民代表大会及其常务委员会后,对国务院提出的上述议案进行审议,作出相应决定。

典型案例一

2020年6月30日,第十三届全国人民代表大会常务委员会第二十次会议通过《中华人民共和国香港特别行政区维护国家安全法》(简称"香港国安法")。香港国安法第十一条规定,香港特别行政区行政长官应当就香港特别行政区维护国家安全事务向中央人民政府负责;如中央人民政府提出要求,行政长官应当就维护国家安全的特定事项及时提交报告。依据上述法律规定,国务院于2022年11月26日向行政长官李家超发出公函,要求行政长官就香港国安法实施以来,香港特别行政区履行维护国家安全职责,包括香港特别行政区维护国家安全委员会工作等有关情况,向中央人民政府提交报告。11月28日,行政长官李家超向国务院呈报了报告,请求国务院提请全国人大常委会对相关事项作出解释。

案例解读

根据香港基本法第四十三条和香港国安法第十一条,行政长官是香港特别行政区的首长,就香港特别行政区维护国家安全事务向中央人民政府负责,行政长官提交报告并提出对香港国安法作出解释的建议,是适当的。由全国人大常委会对香港国安法有关条款作出解释,有充分的法律依据和法理基础,是必要的、适当的。

典型案例二

2020年8月10日,十三届全国人大常委会第二十一次会议在北京人民大会堂举行第二次全体会议,会议听取了国家监察委员会主任杨晓渡作的关于开展反腐败国际追逃追赃工作情况的报告,这是全国人大常委会首次听取国家监察委员会专项工作报告。报告介绍,2014年至2020年6月,共从120多个国家和地区追回外逃人员7 831人,追回赃款196.54亿元,有效消减了外逃人员存量，新增外逃党员和国家工作人员明显减少；改革完善追逃追赃协调机制，稳步推进追逃追赃法治建设，广泛开展国际司法执法合作，关口前移筑牢防逃堤坝，追逃追赃和防逃工作取得重要成果。报告指出，下一步将坚持和加强党的全面领导，健全追逃追赃领导体制和协调机制，不断健全追逃追赃法治体系，加快构建不敢腐、不能腐、不想腐的体制机制，提升监察机关治理能力，积极参与反腐败全球治理，从严从实加强监察机关自身建设。

▎案例解读▎

各级监察委员会向本级人大常委会报告专项工作，是贯彻落实《宪法》和《监察法》的必然要求。《宪法》和《监察法》规定，各级监察委员会由本级人民代表大会产生，对本级人民代表大会及其常务委员会负责，并接受其监督。《监察法》第五十三条规定，各级人民代表大会常务委员会听取和审议本级监察委员会的专项工作报告，组织执法检查。纪委监委合署办公，本质上是党的政治机关，在党委统一领导下开展工作。坚持党对纪检监察工作的领导，与监察委员会依法对人大及其常委会负责、接受监督是一致的。国家监察委员会向全国人大常委会报告专项工作，就是接受其监督的重要方式，有利于促进监察委员会依法接受人大监督程序化、制度化，确保监察机关依法严格履行职责、行使权力。

监察委员会作为监督公权力行使的国家监察专责机关，必须自觉接受党的领导和监督，持之以恒加强自我监督，主动接受各方面监督，在行使权力上慎之又慎，在自我约束上严之又严。根据党中央的决策部署，国家监察委员会在向全国人大常委会报告专项工作后，将自上而下、依法有序推进地方监察委员会向本级人大常委会报告专项工作。各级纪检监察机关要习惯在接受监督和约束的条件下开展工作，不断完善自身权力运行机制和管理监督制约体系，确保党和人民赋予的权力不被滥用、惩恶扬善的利剑永不蒙尘。

▎典型案例三▎

2019年10月26日，十三届全国人大常委会第十四次会议通过《全国人民代表大会常务委员会关于国家监察委员会制定监察法规的决定》。根据该决定，国家监察委员会根据宪法和法律，制定监察法规。监察法规规定的事项包括"为执行法律的规定需要制定监察法规的事项"和"为履行领导地方各级监察委员会工作的职责需要制定监察法规的事项"两个方面，但不得与宪法、法律相抵触。同时，该决定还规定了监察法规的决定和公布程序、备案审查和撤销机制。

案例解读

经 2021 年 7 月 20 日国家监察委员会全体会议决定，《监察法实施条例》予以公布并于 2021 年 9 月 20 日起施行。这是国家监察委员会根据《全国人民代表大会常务委员会关于国家监察委员会制定监察法规的决定》制定的第一部监察法规。该条例分为总则、监察机关及其职责、监察范围和管辖、监察权限、监察程序、反腐败国际合作、对监察机关和监察人员的监督、法律责任、附则等 9 章，共 287 条，与《监察法》各章相对应。

习近平法治思想指引

全国人大及其常委会是国家立法机关，要在确保质量的前提下加快立法工作步伐，增强立法的系统性、整体性、协同性，使法律体系更加科学完备、统一权威。要加强重点领域、新兴领域、涉外领域立法，注重将社会主义核心价值观融入立法，健全国家治理急需、满足人民日益增长的美好生活需要必备的法律制度。要在条件成熟的立法领域继续开展法典编纂工作。

——2021 年 10 月 13 日，习近平在中央人大工作会议上的讲话

各级人大及其常委会要增强"四个意识"、坚定"四个自信"、做到"两个维护"，不断提高政治判断力、政治领悟力、政治执行力，全面加强自身建设，成为自觉坚持中国共产党领导的政治机关、保证人民当家作主的国家权力机关、全面担负宪法法律赋予的各项职责的工作机关、始终同人民群众保持密切联系的代表机关。要优化人大常委会、专门委员会组成人员结构，打造政治坚定、服务人民、尊崇法治、发扬民主、勤勉尽责的人大工作队伍。要加强纪律作风建设，既严格履行法定职责，遵守法定程序，又坚决防止形式主义、官僚主义，提高人大工作实效。

——2021 年 10 月 13 日，习近平在中央人大工作会议上的讲话

6. 全国人民代表大会代表的权利

重点法条

《宪法》第七十二条　全国人民代表大会代表和全国人民代表大会常务委员会组成人员，有权依照法律规定的程序分别提出属于全国人民代表大会和全国人民代表大会常务委员会职权范围内的议案。

《宪法》第七十三条　全国人民代表大会代表在全国人民代表大会开会期间，全国人民代表大会常务委员会组成人员在常务委员会开会期间，有权依照法律规定的程序提出对国务院或者国务院各部、各委员会的质询案。受质询的机关必须负责答复。

《宪法》第七十四条　全国人民代表大会代表，非经全国人民代表大会会议主席团许可，在全国人民代表大会闭会期间非经全国人民代表大会常务委员会许可，不受逮捕或者刑事审判。

《宪法》第七十五条　全国人民代表大会代表在全国人民代表大会各种会议上的发言和表决，不受法律追究。

条文解读

全国人大代表和全国人大常委会组成人员，有权依照法律规定的程序分别提出属于全国人大及其常委会职权范围内的议案。议案是人大代表向国家权力机关即人民代表大会提出的议事原案，也可以说，议案是人大代表审议、解决某一问题的办法、措施、意见和方案。全国人大代表和全国人大常委会组成人员联名提出议案主要有以下几方面要求：一是人数要求，由1个代表团或者30名以上的全国人大代表联名或者10名以上的常委会组成人员联名，才可以提出议案。二是形式要求，提案应当包括案由、案据和方案，也就是说要有可供会议讨论的草案，提法律案时，要有法律草案文本。三是内容要求，提案涉及的事项必须在全国人大及其常委会的职权范围内。四是时间要求，议案应在大会举行前提出，或者在大会期间于规定的议案截止时间前提出，在议案截止时间以后提出的议案将被当作建议、批评和意见处理。全国人大代表或者全国人大常委会组成人员提出的议案，由主席团或者委员长会议决定是否列入会议议程。主席团或者委员长会议也可以先交有关的专门委员会审议,提出是否列入会议议程的意见,再决定是否列入会议议程。

质询案必须写明质询对象、质询的问题和内容。质询案按照主席团的决定由受质询机关的负责人在主席团会议、有关的专门委员会会议或者有关的代表团会议上口头答复,或者由受质询机关书面答复。在主席团会议或者专门委员会会议上答复的,提质询案的代表团团长或者代表有权列席会议,发表意见。提质询案的代表或者代表团对答复质询不满意的,可以提出要求,经主席团决定,由受质询机关再作答复。在专门委员会会议或者代表团会议上答复的,有关的专门委员会或者代表团应当将答复质询案的情况向主席团报告。主席团认为必要的时候,可以将答复质询案的情况报告印发会议。质询案以书面答复的,受质询机关的负责人应当签署,由主席团决定印发会议。

根据《全国人民代表大会组织法》第四十九条的规定,全国人民代表大会代表非经全国人民代表大会主席团许可,在全国人民代表大会闭会期间非经全国人民代表大会常务委员会许可,不受逮捕或者刑事审判。全国人民代表大会代表如果因为是现行犯被拘留,执行拘留的公安机关应当立即向全国人民代表大会主席团或者全国人民代表大会常务委员会报告。根据《全国人民代表大会和地方各级人民代表大会代表法》第三十二条的规定,县级以上的各级人民代表大会代表,非经本级人民代表大会主席团许可,在本级人民代表大会闭会期间,非经本级人民代表人会常务委员会许可,不受逮捕或者刑事审判。如果因为是现行犯被拘留,执行拘留的机关应当立即向该级人民代表大会主席团或者人民代表大会常务委员会报告。对县级以上的各级人民代表大会代表,如果采取法律规定的其他限制人身自由的措施,应当经该级人民代表大会主席团或者人民代表大会常务委员会许可。乡、民族乡、镇的人民代表大会代表,如果被逮捕、受刑事审判或者被采取法律规定的其他限制人身自由的措施,执行机关应当立即报告乡、民族乡、镇的人民代表大会。

言论自由特殊保护,是指全国人大代表在全国人大各种会议上的发言和表决,不受法律追究。全国人大代表在审议报告、讨论问题时的发言不管多么尖锐,正确或者错误,或者在表决时投赞成、反对、弃权票,都不承担任何刑事、行政或民事法律责任。

全国人大代表享有言论自由特殊保护的场合是全国人大的各种会议，包括全国人大的全体会议、代表团会议、小组会议、主席团会议、各专门委员会会议等。同时，全国人大常委会是全国人大的常设机构，常委会组成人员和全国人大代表（列席）在常委会会议上的各种发言和表决，同样享有言论自由的特殊保护。但是，代表在会议以外的场合发表言论，不受言论自由特殊保护。同时，《地方各级人民代表大会和地方各级人民政府组织法》和《全国人民代表大会和地方各级人民代表大会代表法》将言论自由特殊保护适用对象扩大到地方各级人大代表，包括乡镇人大代表。

▮典型案例一▮

2023年3月11日下午，十四届全国人大一次会议秘书处议案组副组长、全国人大常委会办公厅联络局局长傅文杰就代表提出议案建议情况接受了记者的采访。

傅文杰介绍，截至3月7日12时，大会秘书处共收到代表提出的议案271件。其中，代表团提出的有19件，30名以上代表联名提出的有252件。在这些议案中，有关立法方面的268件，涉及制定法律的147件、修改法律的112件、解释法律的1件、编纂法典的5件、有关决定事项的3件；有关监督方面的3件。截至3月10日12时，共收到代表建议8 000多件。其中，一线工人、农民、专业技术人员等基层代表提出的建议占建议总数的将近一半。代表单独提出建议占比80%以上。今年是十四届全国人大代表履职的第一年。会议期间，代表们聚焦党中央重大决策部署，聚焦人民群众所思所盼所愿，聚焦推动解决制约经济社会发展的突出矛盾和问题提出议案建议。

▮案例解读▮

中华人民共和国的一切权力属于人民。人民行使国家权力的机关是全国人民代表大会和地方各级人民代表大会。各级人大代表作为人民通过选举产生的各级国家权力机关的组成人员，是人民意志和利益的代言人，是国家大政方针决策的直接参与者。代表的提案权，是代表职能的组成部分，是人民行使国家权力的中间环节。人大代表通过向人民代表大会提出广大人民群众关心的社会生活有关方面的问题，畅通国家权力机关与广大人民群众的联系渠道，使国家权力机关对有关问题和事项作出决定时，能够体现绝大多数人民群众的意见和要求，符合绝大多数人民群众的意志和利益。代表要依照法律有关规定，从实际出发，认真负责地提出议案；有关机关或者机构、组织，要以对代表、对人民高度负责的责任感，认真处理代表提出的议案，改进有关工作。

典型案例二

根据监督法和云南省监督法实施办法的有关规定，2022年11月30日上午，云南省十三届人大常委会第三十五次会议召开质询会议，就招投标领域隐性壁垒等问题开展质询。这是监督法实施以来，省人大常委会首次开展质询。《关于招投标领域隐性壁垒等问题的质询案》由吴绍吉等10位省人大常委会组成人员联名提出。此次省人大常委会依法组织开展质询，是贯彻落实党中央关于优化营商环境决策部署和省委工作要求的重要举措，也是运用刚性手段增强监督实效的有益探索。省人大常委会组成人员直面矛盾、严肃质询，体现了为人民依法履职的高度自觉；省发展改革委负责同志直面问题、认真作答，体现了依法接受人大监督的高度自觉。

案例解读

质询的刚性就是强调监督实效，要求必须由受质询机关负责人到会答复；答复必须满足质询人要求，如果半数以上提出质询案的人大常委会组成人员对质询答复不满意，主任会议可以责成受质询机关再次答复；如果过半数提出质询案的人大常委会组成人员对再次答复不满意，可以将质询案提请省人大常委会会议审议，常委会作出相应的决定决议，启动其他监督方式，必要时可以组织特定问题调查委员会。

质询是各级人大常委会行使监督权的重要形式，被质询的机关必须在法定的时间内，以法定的形式作出答复。需要注意的是，质询不是故意"挑刺""找茬"，但也不能泛泛而问、纸上谈兵，要"敢于"质询、"善于"质询。

▌典型案例三 ▌

1980年9月，五届全国人大三次会议上，170多名北京团代表就新中国成立以来投资最大的"上海宝钢工程建设问题"向冶金部提出质询。时任上海市委副书记、副市长的陈锦华回忆，在那次人代会上，北京、天津、上海等5个代表团先后4次向冶金部提出质询，共提了60条意见。有代表对厂址的选择提出质疑："听说目前选址的地基是软土层，桩基位移，工厂会滑到长江里去，是否确有其事？"有代表担心对宝钢的投资是个无底洞，"宝钢建成后的社会经济效益，能像冶金部部长唐克所讲的13年收回投资吗？"代表们还对宝钢建设的规模、环保、进口矿石等问题提出质疑。时任冶金部部长唐克等人，认真回答了代表们的质询，详细介绍了有关的数据。但是代表们仍然不满意，表示要继续关注宝钢的建设工作。

▌案例解读 ▌

这是全国人大历史上第一起质询案，史称"共和国质询第一案"。但此后相当长时间内，本次质询成为孤例，直到20世纪80年代后期，地方人大代表率先打破沉默。1989年，在湖南省七届人大二次会议上，副省长杨汇泉在被代表质询时"一问三不知"，提出质询的177名湖南省人大代表联名提出罢免案，杨汇泉成为第一位因被质询而被罢免的省部级干部。1994年11月，21名广东省人大代表联名对省国土厅提出质询案。质询结束后，省国土厅立即下发了通知进行整改。为了保证代表的质询权，1954年《宪法》规定，全国人大代表有权向国务院或者国务院各部、各委员会提出质问，受质问的机关必须负责答复。此后，全国人民代表大会议事规则、全国人民代表大会常务委员会议事规则等都对代表询问和质询作出较详细的规定。

▌典型案例四 ▌

2014年8月12日，福建周宁籍商人、县人大代表张某明在上海因酒后驾车导致交通事故，被警方强制带到医院进行血样抽取，鉴定结果达到了醉酒状态。两天后，上海市公安局松江公安分局向周宁县人大常委会发出《关于提请批准对涉嫌危险驾驶罪的周宁县人大代表张某明采取刑事拘留强制措施的函》，称警方已对涉嫌危险驾驶罪的张某明进行刑事立案，遂提请周宁县人大常委会许可对县人大代表张某明予以刑事拘留强制措施。

2014年10月24日，周宁县第十六届人大常委会第二十五次会议审议《关于提请许可对县第十六届人大代表张某明采取刑事拘留强制措施并暂停其执行代表职务的议案》，当时到会17名委员，表决结果为：赞成8票，反对1票，弃权8票，该议案未获通过。10月31日，周宁县人大常委会给上海市公安局松江公安分局正式复函，告知上述结果。

而后事件被发布到网上引发轩然大波，2014年12月3日福建省周宁县人大再次召开常委会，已许可上海警方对涉嫌危险驾驶罪的周宁县人大代表张某明采取刑事拘留强制措施，并暂停其执行代表职务。

案例解读

法治是实现国家长治久安的必由之路，被誉为"迄今为止人类能够认识到的最佳治国理政方式"。人大代表不是特权符号，更不会成为违法犯罪的护身符。为了使人大代表更好履行法定职责，我国法律专门为他们提供必要的保障和服务，以保证其不受非法干涉，方便、有效地开展工作和活动。保障措施主要有三个方面：一是言论免责，二是人身自由的特别保护，三是给予代表履行职责所需的时间、经济保障、交通、通讯便利。这是对人大代表合法权益合理合法的保障。但像上述案例中的张某明已经涉嫌醉驾，就不属于"人身自由的特别保护"范畴。张某明身为人大代表，更应该遵纪守法，其以身试法醉驾，应该接受法律的制裁。

习近平法治思想指引

"为政之要，以顺民心为本。"人民代表大会制度之所以具有强大生命力和显著优越性，关键在于深深植根于人民之中。一切国家机关和国家工作人员必须牢固树立人民公仆意识，把人民放在心中最高位置，保持同人民的密切联系，倾听人民意见和建议，接受人民监督，努力为人民服务。要丰富人大代表联系人民群众的内容和形式，拓宽联系渠道，积极回应社会关切，更好接地气、察民情、聚民智、惠民生。各级人大常委会要加强代表工作能力建设,支持和保障代表更好依法履职,使发挥各级人大代表作用成为人民当家作主的重要体现。

——2021年10月13日,习近平在中央人大工作会议上的讲话

7. 全国人民代表大会代表的义务

▌重点法条 ▌

> 《宪法》第七十六条 全国人民代表大会代表必须模范地遵守宪法和法律,保守国家秘密,并且在自己参加的生产、工作和社会活动中,协助宪法和法律的实施。
>
> 全国人民代表大会代表应当同原选举单位和人民保持密切的联系,听取和反映人民的意见和要求,努力为人民服务。

▌条文解读 ▌

全国人大代表的义务主要包括以下几个方面:

一是模范地遵守宪法和法律,协助宪法和法律的实施,保守国家秘密。遵守宪法和法律是每一名公民的义务,全国人大代表接受人民的委托,代表人民的意志和利益,更应该成为守法的模范。同时还应该在生产、工作和社会活动中,责无旁贷地宣传宪法和法律,协助其更好地实施。另外,全国人大代表在参与国家事务决策时,也会了解和掌握某些国家秘密;人大代表应当依法严格保守这些秘密,如不在公共场合谈论相关事项、未经批准不得携带涉密资料外出等。

二是依法履行会议期间和闭会时的代表职责,提高履职能力。人大代表必须按时参加人大会议,做好审议及会议期间的其他各项工作,不得无故缺席;在闭会期间积极参加各种活动,知情知政,为在会议上行使各种职权做好准备。另外,为了胜任代表工作,代表必须加强履职学习和调查研究,了解我国经济社会情况,熟悉人民代表大会制度,掌握各类法律和专业知识等。

三是密切联系群众。人民代表大会制度之所以具有强大的生命力和显著的优越性,关键在于它深深根植于人民之中。人大代表要与人民群众保持密

切联系，听取和反映他们的意见和要求，努力为人民服务。

四是符合人大代表在道德品质方面的要求。全国人大代表既是社会的一分子，也是国家最高权力机关的组成人员，在道德品质方面必须有更高的要求。人大代表应该自觉遵守社会公德、廉洁自律、公道正派、勤勉尽责，这些要求对于人大代表不仅是道德要求，更是法定义务，这对于树立国家权力机关的权威、促进代表履职、赢得人民信任都具有重要意义。

▌典型案例一▐

第十四届全国人大代表杨登辉是广东省机械技师学院技能竞赛与师资培训科老师。因为是"95后"，杨登辉站在教室里，看上去也像个学生。不过，学生们非常尊敬杨登辉。在他们眼中，杨老师是数控铣技术领域的"天花板"。杨登辉读完中职后报考了广东省机械技师学院，钻研数控铣技术。2017年，他代表中国参加第44届世界技能大赛，夺得数控铣项目金牌，并获国家最佳选手奖。之后留校担任老师，将自己的技能、比赛经验毫无保留地教给学生，用技能服务社会。

作为全国人大代表，杨登辉一直关注技工教育、技能人才等内容。在他看来，技能人才是中国制造业高质量发展的重要支撑，技工教育是服务技能人才的重要平台。他建议加大对技工教育的支持与投入，为产业培养更多高素质技能人才。

▌案例解读▐

习近平总书记在2023年新年贺词中强调："明天的中国，希望寄予青年。青年兴则国家兴，中国发展要靠广大青年挺膺担当。"青年似五月的花海，青年似初升的太阳，时代各有不同，青春一脉相承。习近平总书记的殷殷嘱托，激励着广大青年明心立志、开拓进取，在火热的青春中放飞人生梦想，在拼搏的青春中成就事业华章。"95后"代表敏锐感知时代脉搏，跟随国家发展的脚步前行，依法履职尽责，积极建言献策，为谱写中国式现代化华章贡献青春力量。

典型案例二

2016年9月17日，辽宁省第十二届人大第七次会议筹备组发布公告称，辽宁省第十二届人民代表大会第一次会议选举全国人大代表过程中，有45名当选的全国人大代表拉票贿选，总计有523名辽宁省人大代表涉及此案。9月13日闭幕的十二届全国人大常委会第二十三次会议通过了《关于辽宁省人大选举产生的部分十二届全国人大代表当选无效的报告》，确定45名全国人大代表因拉票贿选当选无效。

案例解读

辽宁拉票贿选案是新中国成立以来查处的第一起发生在省级层面、严重违反党纪国法、严重违反政治纪律和政治规矩、严重违反组织纪律和换届纪律、严重破坏人大选举制度的重大案件，是对我国人民代表大会制度的挑战，是对社会主义民主政治的挑战，是对国家法律和党的纪律的挑战，触碰了中国特色社会主义制度底线和中国共产党执政底线。

依纪依法彻查和处理辽宁拉票贿选案，充分体现了以习近平同志为核心的党中央坚定不移推进全面依法治国、全面从严治党的鲜明态度和坚定决心，维护了人民代表大会制度的权威和尊严，维护了社会主义法治的权威和尊严。

习近平法治思想指引

人大代表肩负人民赋予的光荣职责，要忠实代表人民利益和意志，依法参加行使国家权力。要站稳政治立场，履行政治责任，加强思想、作风建设，模范遵守宪法法律，做政治上的明白人。要充分发挥来自人民、扎根人民的特点优势，密切同人民群众的联系，当好党和国家联系人民群众的桥梁，最大限度调动积极因素、化解消极因素，展现新时代人大代表的风采。

——2021年10月13日，习近平在中央人大工作会议上的讲话

8. 中华人民共和国主席、副主席的选举和任期

重点法条

《宪法》第七十九条 中华人民共和国主席、副主席由全国人民代表大会选举。

有选举权和被选举权的年满四十五周岁的中华人民共和国公民可以被选为中华人民共和国主席、副主席。

中华人民共和国主席、副主席每届任期同全国人民代表大会每届任期相同。

条文解读

国家主席、副主席由全国人民代表大会选举。有选举权和被选举权的年满45周岁的中华人民共和国公民可以被选为国家主席、副主席。1982年《宪法》规定国家主席、副主席每届任期同全国人民代表大会每届任期相同，连续任职不得超过两届。

2018年3月11日第十三届全国人大第一次会议通过的《宪法修正案》，删去"连续任职不得超过两届"的规定，主要考虑是，国家主席制度是党和国家领导体制的重要组成部分，我国实践中形成由党的总书记担任国家主席、兼任军委主席的体制，党章对党的中央委员会总书记、党的中央军事委员会主席，宪法对中华人民共和国中央军事委员会主席，都没有作出"连续任职不得超过两届"的规定。宪法对国家主席的相关规定也采取上述做法，有利于维护党中央权威和集中统一领导，有利于加强和完善国家领导体制。

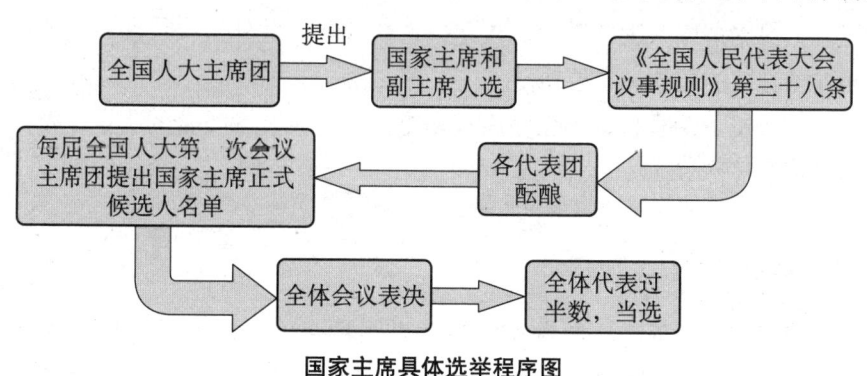

国家主席具体选举程序图

9. 中华人民共和国主席的职权

▌重点法条 ▌

《宪法》第八十条　中华人民共和国主席根据全国人民代表大会的决定和全国人民代表大会常务委员会的决定，公布法律，任免国务院总理、副总理、国务委员、各部部长、各委员会主任、审计长、秘书长，授予国家的勋章和荣誉称号，发布特赦令，宣布进入紧急状态，宣布战争状态，发布动员令。

《宪法》第八十一条　中华人民共和国主席代表中华人民共和国，进行国事活动，接受外国使节；根据全国人民代表大会常务委员会的决定，派遣和召回驻外全权代表，批准和废除同外国缔结的条约和重要协定。

▌条文解读 ▌

国家主席的职权主要有：

第一，公布法律、发布命令。国家主席根据全国人大及其常委会的决定，公布法律，发布特赦令，宣布进入紧急状态，宣布战争状态，发布动员令。

第二，任免权。国家主席提名国务院总理人选，根据全国人大及其常委会的决定，任免国务院总理、副总理、国务委员、各部部长、各委员会主任、审计长、秘书长。

第三，外事权。国家主席代表中华人民共和国，进行国事活动，接受外国使节；根据全国人大常委会的决定，派遣和召回驻外全权代表，批准和废除同外国缔结的条约和重要协定。

第四，授予荣誉权。国家主席根据全国人大及其常委会的决定，授予国家勋章和荣誉称号。

▌典型案例一 ▌

2023年3月13日，中华人民共和国主席令（第三号）：《全国人民代表大会关于修改〈中华人民共和国立法法〉的决定》已由中华人民共和国第十四届全国人民代表大会第一次会议于 2023 年 3 月 13 日通过，现予公布，自 2023 年 3 月 15 日起施行。

案例解读

中华人民共和国主席令是中华人民共和国主席根据全国人民代表大会及其常务委员会的决定签署的，具有次于宪法效力的命令，全国人大及其常委会的决定和通过的法律在形式上需要国家主席的签署才能生效。

典型案例二

2020 年 8 月 11 日，国家主席习近平签署主席令，根据十三届全国人大常委会第二十一次会议表决通过的全国人大常委会关于授予在抗击新冠肺炎疫情斗争中作出杰出贡献的人士国家勋章和国家荣誉称号的决定，授予钟南山"共和国勋章"，授予张伯礼、张定宇、陈薇（女）"人民英雄"国家荣誉称号。

案例解读

在抗击新冠疫情的斗争中，涌现出一大批可歌可泣的先进典型。为了隆重表彰在这一斗争中作出杰出贡献的功勋模范人物，弘扬他们忠诚、担当、奉献的崇高品质，根据《宪法》《国家勋章和国家荣誉称号法》，十三届全国人大常委会第二十一次会议作出关于授予在抗击新冠疫情斗争中作出杰出贡献的人士国家勋章和国家荣誉称号的决定，并由国家主席签署主席令。

典型案例三

2015 年 8 月 29 日，全国人大常委会作出决定，国家主席习近平签署主席特赦令，决定在中国人民抗日战争暨世界反法西斯战争胜利七十周年之际，对部分服刑罪犯予以特赦。此次特赦的服刑罪犯包括四类：参加过中国人民抗日战争、中国人民解放战争的；中华人民共和国成立以后，参加过保卫国家主权、安全和领土完整对外作战的；年满七十五周岁、身体严重残疾且生活不能自理的；犯罪时不满十八周岁，被判处三年以下有期徒刑或者剩余刑期在一年以下的。特赦决定和特赦令规定几种严重犯罪除外。

▍案例解读 ▍

特赦是国际通行的在遇有重要历史节点时国家对特定罪犯赦免余刑的人道主义制度。我国自唐代起就形成了"盛世赦罪"的历史传统。我国宪法中对特赦制度作了明确规定。《宪法》第八十条规定，中华人民共和国主席根据全国人民代表大会常务委员会的决定，发布特赦令。

10. 国务院的性质、地位、组成和领导体制

▍重点法条 ▍

《宪法》第八十五条　中华人民共和国国务院，即中央人民政府，是最高国家权力机关的执行机关，是最高国家行政机关。

《宪法》第八十六条　国务院由下列人员组成：

总理，

副总理若干人，

国务委员若干人，

各部部长，

各委员会主任，

审计长，

秘书长。

国务院实行总理负责制。各部、各委员会实行部长、主任负责制。

国务院的组织由法律规定。

▍条文解读 ▍

国务院的性质和国务院在国家机构体系中的地位如下：

第一，国务院是中央人民政府。这是相对于地方各级人民政府而言的。我国的国家整体与部分的关系是中央与地方的关系。在全国，中央人民政府

只有一个,即国务院,它对外以中国政府名义进行活动,对内则同地方各级人民政府组成国家行政机关体系。

第二,国务院是最高国家权力机关的执行机关。国务院是全国人民代表大会的执行机关。国务院处理国家行政事务不能违反最高国家权力机关制定的法律和通过的决议,也不能行使宪法和法律未作规定或授予的职权。

第三,国务院是最高国家行政机关。国务院统一领导各部、各委员会的工作以及全国地方各级国家行政机关的工作,规定中央和省、自治区、直辖市的国家行政机关职权的具体划分,在国家行政机关体系中具有最高地位。

国务院由总理、副总理若干人、国务委员若干人、各部部长、各委员会主任、审计长、秘书长组成。国务院及其组成部门和其他机构是行政机关,实行行政首长负责制。国务院实行总理负责制。国务院总理对国务院的各项工作负全责。国务院所属各机构均要对总理负责并报告工作;在国务院各项工作的决策上,总理有最后的决定权;在与最高国家权力机关的关系上,总理代表国务院向全国人大报告工作。

典型案例

2021年1月22日,第十三届全国人民代表大会常务委员会第二十五次会议修订了《中华人民共和国行政处罚法》(简称《行政处罚法》)。2021年12月8日,国务院发布了《关于进一步贯彻实施〈中华人民共和国行政处罚法〉的通知》(简称《通知》)。新修订的《行政处罚法》体现和巩固了近年来行政执法领域取得的重大改革成果,回应了当前的执法实践需要,明确了行政处罚的定义,扩充了行政处罚种类,完善了行政处罚程序,强化了行政执法责任。

案例解读

《通知》表示贯彻实施好新修订的《行政处罚法》,对推进严格规范公正文明执法,保障和监督行政机关有效实施行政管理,优化法治化营商环境,保护公民、法人或者其他组织的合法权益,加快法治政府建设,推进国家治理体系和治理能力现代化,具有重要意义。

⫶ 习近平法治思想指引 ⫶

要运用信息化手段推进政务公开、党务公开，加快推进电子政务，构建全流程一体化在线服务平台，更好解决企业和群众反映强烈的办事难、办事慢、办事繁的问题。

——2018年4月20日，习近平在全国网络安全和信息化工作会议上的讲话

法治国家、法治政府、法治社会相辅相成，法治国家是法治建设的目标，法治政府是建设法治国家的重点，法治社会是构筑法治国家的基础。

——2020年11月16日，习近平在中央全面依法治国工作会议上的讲话

11. 国务院的主要职权

⫶ 重点法条 ⫶

《宪法》第八十九条　国务院行使下列职权：

（一）根据宪法和法律，规定行政措施，制定行政法规，发布决定和命令；

（二）向全国人民代表大会或者全国人民代表大会常务委员会提出议案；

（三）规定各部和各委员会的任务和职责，统一领导各部和各委员会的工作，并且领导不属于各部和各委员会的全国性的行政工作；

（四）统一领导全国地方各级国家行政机关的工作，规定中央和省、自治区、直辖市的国家行政机关的职权的具体划分；

（五）编制和执行国民经济和社会发展计划和国家预算；

（六）领导和管理经济工作和城乡建设、生态文明建设；

（七）领导和管理教育、科学、文化、卫生、体育和计划生育工作；

（八）领导和管理民政、公安、司法行政等工作；

（九）管理对外事务，同外国缔结条约和协定；

（十）领导和管理国防建设事业；

（十一）领导和管理民族事务，保障少数民族的平等权利和民族自治地方的自治权利；

（十二）保护华侨的正当的权利和利益，保护归侨和侨眷的合法的权

利和利益；

（十三）改变或者撤销各部、各委员会发布的不适当的命令、指示和规章；

（十四）改变或者撤销地方各级国家行政机关的不适当的决定和命令；

（十五）批准省、自治区、直辖市的区域划分，批准自治州、县、自治县、市的建置和区域划分；

（十六）依照法律规定决定省、自治区、直辖市的范围内部分地区进入紧急状态；

（十七）审定行政机构的编制，依照法律规定任免、培训、考核和奖惩行政人员；

（十八）全国人民代表大会和全国人民代表大会常务委员会授予的其他职权。

条文解读

国务院的职权主要有：

第一，根据宪法和法律，规定行政措施，制定行政法规，发布决定和命令。行政法规的名称一般称"条例"，也可以称"规定""办法"等。国务院根据全国人大及其常委会的授权决定制定的行政法规，称"暂行条例"或"暂行规定"。

第二，向全国人民代表大会或全国人大常委会提出议案。

第三，规定各部和各委员会的任务和职责，统一领导各部和各委员会的工作，并且领导不属于各部和各委员会的全国性的行政工作；统一领导全国地方各级国家行政机关的工作，规定中央和省、自治区、直辖市的国家行政机关的职权的具体划分；编制和执行国民经济和社会发展计划和国家预算；批准省、自治区、直辖市的区域划分，批准自治州、县、自治县、市的建置和区域划分；依照法律规定决定省、自治区、直辖市范围内部分地区进入紧急状态等。

第四，领导和管理经济、城乡建设、生态文明建设、教育、科学、文化、卫生、体育、计划生育、民政、公安、司法行政、监察、国防建设事业和民族事务等工作，管理对外事务。

第五，保障少数民族的平等权利和民族自治地方的自治权利，保护华侨的正当的权利和利益，保护归侨和侨眷的合法的权利和利益。

第六，改变或撤销各部、各委员会发布的不适当的命令、指示和规章，改变或撤销地方各级国家行政机关的不适当的决定和命令。

第七，全国人大及其常委会授予国务院的其他职权。如根据《立法法》的规定，应当制定法律的事项尚未制定法律的，全国人大及其常委会有权作出决定，授权国务院可以根据实际需要，对其中的部分事项先制定行政法规，但是有关犯罪和刑罚、对公民政治权利的剥夺和限制人身自由的强制措施和处罚、司法制度等事项除外。

典型案例一

近年来，我国未成年网民规模不断增长。互联网在拓展未成年人学习、生活空间的同时，也带来网上违法信息和不良信息泛滥、未成年人个人信息被滥采滥用、未成年人沉迷网络等问题，亟待通过完善立法进一步强化国家、社会、学校、家庭等主体未成年人网络保护责任，规范网络信息内容管理，保护未成年人个人信息。

为了营造健康、文明、有序的网络环境，保护未成年人身心健康，保障未成年人在网络空间的合法权益，按照有关立法规划计划安排，2022年3月14日，国家互联网信息办公室发布了《关于〈未成年人网络保护条例（征求意见稿）〉再次公开征求意见的通知》。2023年10月24日，国务院公布《未成年人网络保护条例》，该条例自2024年1月1日起施行。这是我国出台的第一部专门性的未成年人网络保护综合立法，重点就规范网络信息内容、保护个人信息、防治网络沉迷等作出规定。

案例解读

2023年10月24日，国务院总理李强签署国务院令，公布《未成年人网络保护条例》，该条例自2024年1月1日起施行。党中央、国务院高度重视未成年人网络保护工作。近年来，互联网的飞速发展拓展了未成年人学习、生活空间，同时也引发了全社会对未成年人网络保护问题的关注。《未成年人网络保护条例》旨在营造有利于未成年人身心健康的网络环境，保障未成年人合法权益，为未成年人网络保护提供有力的法治保障。

典型案例二

为积极稳妥推进房地产税立法与改革，引导住房合理消费和土地资源节约集约利用，促进房地产市场平稳健康发展，2021年10月召开的第十三届全国人民代表大会常务委员会第三十一次会议决定：授权国务院在部分地区开展房地产税改革试点工作。试点地区的房地产税征税对象为居住用和非居住用等各类房地产。土地使用权人、房屋所有权人为房地产税的纳税人。

国务院制定房地产税试点具体办法，试点地区人民政府制定具体实施细则。国务院及其有关部门、试点地区人民政府应当构建科学可行的征收管理模式和程序。国务院按照积极稳妥的原则，统筹考虑深化试点与统一立法、促进房地产市场平稳健康发展等情况确定试点地区，报全国人民代表大会常务委员会备案。

案例解读

由于房地产市场全国差异很大，实际情况十分复杂，房地产税立法工作需要循序渐进、稳妥推进。在总结上海市、重庆市个人住房房产税改革试点经验的基础上，结合新形势新情况，进一步深化房地产税改革试点，可以发挥试点对整体改革的示范、突破、带动作用，强化房地产调控需求侧管理，稳定市场预期，也为今后全国统一立法积累经验、创造条件。由全国人大常委会依法授权国务院在部分地区开展房地产税改革试点工作，为稳妥推进改革试点提供法律保障。

典型案例三

2018年3月11日，第十三届全国人民代表大会第一次会议表决通过了《中华人民共和国宪法修正案》。本次宪法修正案涉及了建设生态文明和美丽中国，这是本次宪法修正案中的一个突出亮点。"国务院行使下列职权"中"（六）领导和管理经济工作和城乡建设"修改为"（六）领导和管理经济工作和城乡建设、生态文明建设"。保护生态环境是各级政府及其有关部门的责任。

案例解读

宪法修正案写入这一要求，赋予国务院领导和管理生态文明建设的职权，有利于严格落实各级政府及其有关部门生态环境保护"一岗双责""属地管理"的责任，强化管发展必须管环保、管生产必须管环保、管行业必须管环保，落实生态环境保护责任制，构建政府为主导、企业为主体、社会组织和公众共同参与的环境治理体系。

习近平法治思想指引

统筹各领域资源，汇聚各方面力量，打好法治、市场、科技、政策"组合拳"。要强化法治保障，统筹推进生态环境、资源能源等领域相关法律制修订，实施最严格的地上地下、陆海统筹、区域联动的生态环境治理制度，全面实行排污许可制，完善自然资源资产管理制度体系，健全国土空间用途管制制度。要完善绿色低碳发展经济政策，强化财政支持、税收政策支持、金融支持、价格政策支持。要推动有效市场和有为政府更好结合，将碳排放权、用能权、用水权、排污权等资源环境要素一体纳入要素市场化配置改革总盘子，支持出让、转让、抵押、入股等市场交易行为，加快构建环保信用监管体系，规范环境治理市场，促进环保产业和环境服务业健康发展。

——2023年7月17日至18日，习近平出席全国生态环境保护大会并发表讲话

我们要乘势而上，加快数字经济、数字社会、数字政府建设，推动各领域数字化优化升级，积极参与数字货币、数字税等国际规则制定，塑造新的竞争优势。

——2020年4月10日，习近平在中央财经委员会第七次会议上的讲话

12. 地方各级人民代表大会的性质和地位

重点法条

《宪法》第九十六条　地方各级人民代表大会是地方国家权力机关。县级以上的地方各级人民代表大会设立常务委员会。

条文解读

地方各级人民代表大会是地方国家权力机关，有权在遵守宪法、法律、行政法规的前提下，制定地方性法规，讨论、审查、决定本行政区域内的重大事项，并由本级国家行政机关执行。本级地方行政机关、监察机关、人民法院和人民检察院由它产生、对它负责、受它监督。

县级以上地方各级人民代表大会设立常委会，作为本级人民代表大会的常设机关。在本级人民代表大会闭会期间，决定本行政区划内的重大事项，对本行政区划的国家机关进行管理和监督，从而让人民参与国家事务的管理，实现真正的人民当家作主。

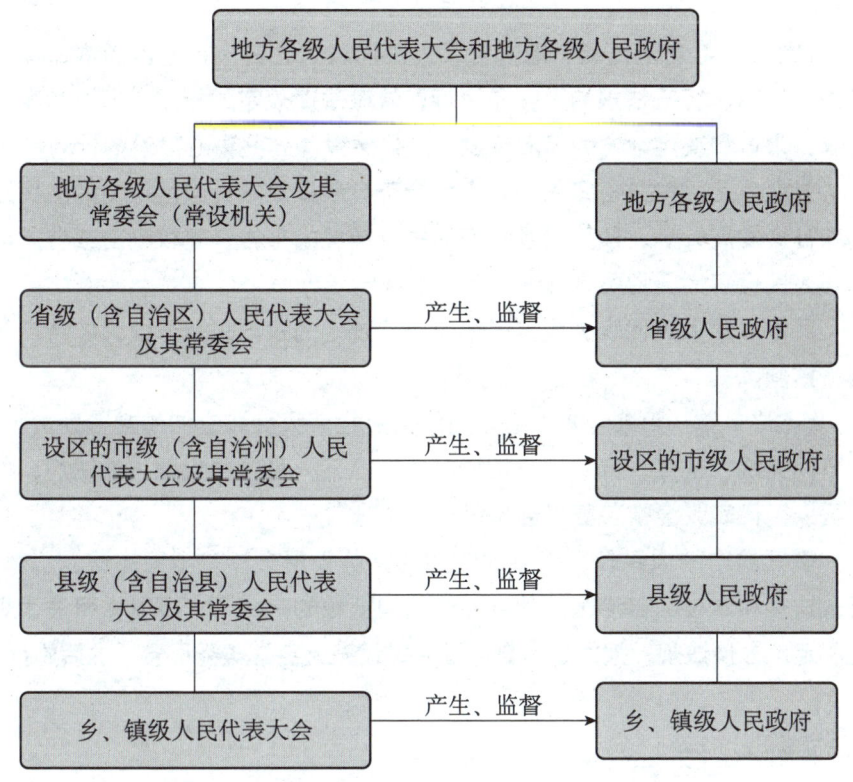

```
                地方各级人民代表大会和地方各级人民政府
                               │
          ┌────────────────────┴────────────────────┐
  地方各级人民代表大会及其                     地方各级人民政府
     常委会（常设机关）

  省级（含自治区）人民代表大会    ──产生、监督──▶    省级人民政府
        及其常委会

  设区的市级（含自治州）人民      ──产生、监督──▶    设区的市级人民政府
     代表大会及其常委会

  县级（含自治县）人民代表        ──产生、监督──▶    县级人民政府
     大会及其常委会

  乡、镇级人民代表大会            ──产生、监督──▶    乡、镇级人民政府
```

地方各级人民代表大会和地方各级人民政府的组织体系图

习近平法治思想指引

60多年来特别是改革开放40多年来，人民代表大会制度为党领导人民

创造经济快速发展奇迹和社会长期稳定奇迹提供了重要制度保障。

实践证明，人民代表大会制度是符合我国国情和实际、体现社会主义国家性质、保证人民当家作主、保障实现中华民族伟大复兴的好制度，是我们党领导人民在人类政治制度史上的伟大创造，是在我国政治发展史乃至世界政治发展史上具有重大意义的全新政治制度。

——2021年10月13日，习近平在中央人大工作会议上的讲话

13. 地方各级人民代表大会的职权

▍重点法条 ▍

《宪法》第九十九条　地方各级人民代表大会在本行政区域内，保证宪法、法律、行政法规的遵守和执行；依照法律规定的权限，通过和发布决议，审查和决定地方的经济建设、文化建设和公共事业建设的计划。

县级以上的地方各级人民代表大会审查和批准本行政区域内的国民经济和社会发展计划、预算以及它们的执行情况的报告；有权改变或者撤销本级人民代表大会常务委员会不适当的决定。

民族乡的人民代表大会可以依照法律规定的权限采取适合民族特点的具体措施。

《宪法》第一百条　省、直辖市的人民代表大会和它们的常务委员会，在不同宪法、法律、行政法规相抵触的前提下，可以制定地方性法规，报全国人民代表大会常务委员会备案。

设区的市的人民代表大会和它们的常务委员会，在不同宪法、法律、行政法规和本省、自治区的地方性法规相抵触的前提下，可以依照法律规定制定地方性法规，报本省、自治区人民代表大会常务委员会批准后施行。

▍条文解读 ▍

根据宪法和法律的规定，地方各级人民代表大会主要具有以下职权：

（1）保证宪法、法律、行政法规的遵守和执行，即在本行政区域内，保证宪法、法律、行政法规和上级人大及其常委会决议的遵守、执行。

（2）制定、颁布地方性法规。省、自治区、直辖市、设区的市、自治州

的人民代表大会根据本行政区域的具体情况和实际需要，在不同上位法相抵触的前提下，可以依照法律规定的权限制定地方性法规并报相应主体备案。

（3）通过和发布决议，审查和决定计划，即在本行政区域内依照法律规定的权限通过和发布决议，审查和决定地方的经济建设、文化建设和公共事业建设的计划，保证国家计划和国家预算的执行。

（4）选举和罢免，即选举本级人大常委会的组成人员；选举省长、副省长，自治区主席、副主席，市长、副市长，州长、副州长，县长、副县长，区长、副区长；选举本级监察委员会主任；选举本级人民法院院长和人民检察院检察长；选出的人民检察院检察长，须报经上一级人民检察院检察长提请该级人大常委会批准；选举上一级人民代表大会代表。地方各级人民代表大会有权罢免本级人民政府的组成人员。

（5）决定重大的地方国家事务，即决定本行政区域内的政治、经济、教育、科学、文化、卫生、生态环境保护、自然资源、城乡建设、民政、社会保障、民族等工作的重大事项和项目。

（6）改变和撤销，即改变或撤销本级人大常委会的不适当决议，撤销本级人民政府的不适当决定和命令。

（7）监督其他地方国家机关的工作。例如，听取和审议本级人民代表大会常务委员会的工作报告；听取和审议本级人民政府、监察委员会、人民法院、人民检察院的工作报告。

（8）保护各种权利，即保护社会主义的全民所有的财产和劳动群众集体所有的财产，保护公民私人所有的合法财产，维护社会秩序，保障公民的人身权利、民主权利和其他权利；保护各种经济组织的合法权益；保障少数民族的权利；保障宪法和法律规定的男女平等、同工同酬和婚姻自由等各项权利。

（9）其他职权。

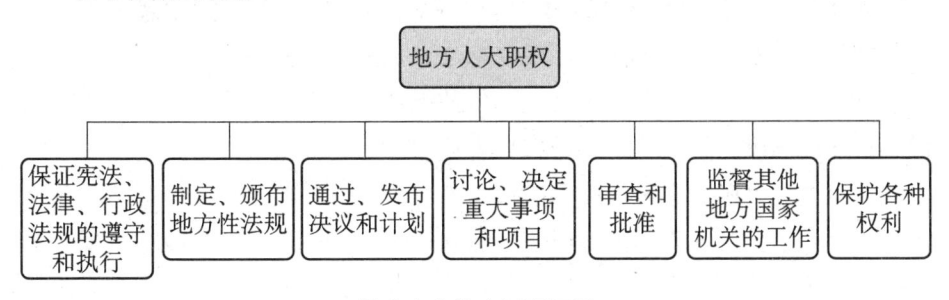

地方人大的主要职权图

典型案例

沈阳市人民代表大会否决沈阳市中级人民法院工作报告。

2001年,沈阳市第十二届人民代表大会第四次会议召开前夕,沈阳市中级人民法院的两位副院长因涉嫌严重违法违纪被立案审查。2月14日上午,沈阳市人民代表大会对关于市中级人民法院工作报告决议表决时,投票结果显示:人大代表应到会509人,实到474人,赞成218人,反对162人,弃权82人,未按表决器9人。市中级人民法院报告未获得人大代表过半数通过。由此,本案成为中国人民代表大会制度历史上首个人民法院报告未获人民代表大会通过的案例。

案例解读

沈阳市中级人民法院报告未获人民代表大会表决通过事件是我国宪法史上的重大事件。宪法学家许崇德教授说:"这表明人大在逐渐成为真正的权力机关。""人大代表不满意是人民不满意。人大代表就应该替选他的老百姓表达意见。"人民代表大会对其他国家机关享有监督权,听取和审议其他国家机关的工作报告是人民代表大会行使监督权的重要方式。沈阳市人民代表大会否决沈阳市中级人民法院工作报告事件说明人民代表大会能够切实履行监督职责,发挥监督实效,人大代表作为人民的代表,其民主意识正在不断增强,我国的民主建设和法治建设正在不断完善。

习近平法治思想指引

人民代表大会制度是实现我国全过程人民民主的重要制度载体。要在党的领导下,不断扩大人民有序政治参与,加强人权法治保障,保证人民依法享有广泛权利和自由。要保证人民依法行使选举权利,民主选举产生人大代表,保证人民的知情权、参与权、表达权、监督权落实到人大工作各方面各环节全过程,确保党和国家在决策、执行、监督落实各个环节都能听到来自人民的声音。要完善人大的民主民意表达平台和载体,健全吸纳民意、汇集民智的工作机制,推进人大协商、立法协商,把各方面社情民意统一于最广大人民根本利益之中。要加强对中国特色社会主义民主、对人民代表大会制度的研究宣传工作,讲清楚我国政治制度的特点和优势,讲好中国民主故事。

——2021 年 10 月 13 日,习近平在中央人大工作会议上的讲话

14. 县级以上地方各级人大常委会的性质和地位

▎重点法条 ▎

《宪法》第一百零三条　县级以上的地方各级人民代表大会常务委员会由主任、副主任若干人和委员若干人组成,对本级人民代表大会负责并报告工作。

县级以上的地方各级人民代表大会选举并有权罢免本级人民代表大会常务委员会的组成人员。

县级以上的地方各级人民代表大会常务委员会的组成人员不得担任国家行政机关、监察机关、审判机关和检察机关的职务。

▎条文解读 ▎

县级以上的地方各级人民代表大会常务委员会是本级人民代表大会的常设机关,由常委会主任、副主任若干人和委员若干人组成,对本级人民代表大会负责并报告工作。

县级以上的地方各级人大常委会与本级人大的关系是,本级人大具有选举以及罢免本级人大常委会的组成人员的职权,反映出选举与被选举、监督与被监督的关系。

为了保证县级以上的地方各级人大常委会的组成人员的独立性和常委会组成人员能够独立行使职权,县级以上的地方各级人大常委会的组成人员的职业应有限制,即不得担任国家行政机关、监察机关、审判机关和检察机关的职务。

地方人大常委会成员的提名和选举,采取确定候选人,选举表决的方式进行。

习近平法治思想指引

各级人大及其常委会要坚持正确政治方向，增强代表人民行使管理国家权力的政治责任感，履行宪法法律赋予的职责。要健全人大常委会组成人员联系本级人大代表机制，畅通社情民意反映和表达渠道，支持和保证人大代表依法履职，优化人大常委会、专门委员会组成人员结构，完善人大组织制度、工作制度、议事程序。各级党委要加强和改善党对人大工作的领导，支持和保证人大及其常委会依法行使职权、开展工作。

——2014年9月5日，习近平在庆祝全国人民代表大会成立六十周年大会上的讲话

15. 县级以上地方各级人大常委会的职权

重点法条

《宪法》第一百零四条 县级以上的地方各级人民代表大会常务委员会讨论、决定本行政区域内各方面工作的重大事项；监督本级人民政府、监察委员会、人民法院和人民检察院的工作；撤销本级人民政府的不适当的决定和命令；撤销下一级人民代表大会的不适当的决议；依照法律规定的权限决定国家机关工作人员的任免；在本级人民代表大会闭会期间，罢免和补选上一级人民代表大会的个别代表。

条文解读

县级以上的地方各级人大常委会主要具有以下职权：

（1）在本行政区域内，保证宪法、法律、行政法规和上级人民代表大会及其常务委员会决议的遵守和执行。

（2）领导或者主持本级人民代表大会代表的选举。

（3）召集本级人民代表大会会议。

（4）讨论、决定本行政区域内的重大事项和项目。

（5）审查和批准本行政区域内的国民经济和社会发展规划纲要、计划和本级预算的调整方案。

（6）监督本行政区域内的国民经济和社会发展规划纲要、计划和预算的执行，审查和批准决算。

（7）监督本级人民政府、监察委员会、人民法院和人民检察院的工作。具体表现为：对重大事项作出决定；听取"一府一委两院"的工作报告；受理人民群众的申诉和意见；对"一府一委两院"的工作提出质询；必要时对"一府一委两院"的工作进行特定调查；对实施法律的情况进行执法检查等。

（8）撤销下一级人民代表大会及其常务委员会的不适当的决议。

（9）撤销本级人民政府的不适当的决定和命令。

（10）在本级人民代表大会闭会期间，决定副省长、自治区副主席、副市长、副州长、副县长、副区长，本级人民政府秘书长、厅长、局长、委员会主任、科长，监察委员会副主任、委员，人民法院副院长、庭长、副庭长、审判委员会委员、审判员，人民检察院副检察长、检察委员会委员、检察员的任免。

（11）在本级人民代表大会闭会期间，决定撤销个别副省长、自治区副主席、副市长、副州长、副县长、副区长的职务；决定撤销由它任命的本级人民政府其他组成人员和监察委员会副主任、委员，人民法院副院长、庭长、副庭长、审判委员会委员、审判员，人民检察院副检察长、检察委员会委员、检察员，中级人民法院院长，人民检察院分院检察长的职务。

（12）在本级人民代表大会闭会期间，补选上一级人民代表大会出缺的代表和罢免个别代表。

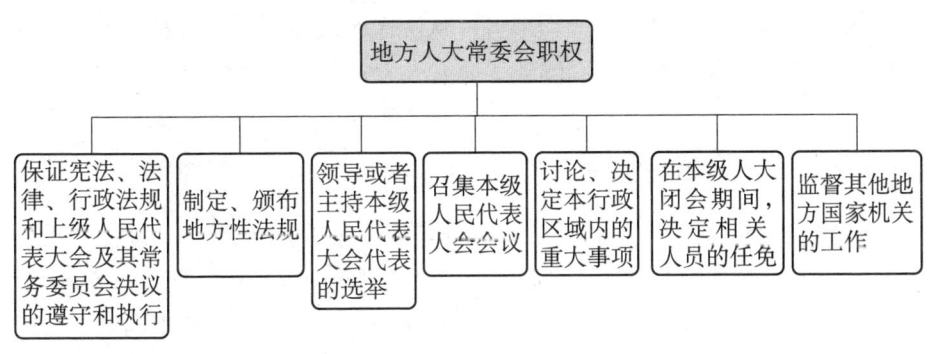

```
                    ┌─────────────────┐
                    │ 地方人大常委会职权 │
                    └─────────────────┘
   ┌────────┬────────┬────────┬────────┬────────┬────────┬────────┐
保证宪法、  制定、   领导或者  召集本级  讨论、决  在本级人大 监督其他地
法律、行政  颁布     主持本级  人民代表  定本行政  闭会期间，  方国家机关
法规和上级  地方性   人民代表  大会会议  区域内的  决定相关    的工作
人民代表大  法规     大会代表           重大事项  人员的任免
会及其常务          的选举
委员会决议
的遵守和执行
```

地方人大常委会的主要职权图

▌典型案例▐

2019年，福建某县人大常委会法工委根据公民审查建议对该县人民政府颁布的《××县贯彻〈福建省计划生育条例〉实施办法》进行了审查。经审查，该县人大常委会认为，随着社会的发展，我国的计划生育政策已进行了重大调整。《福建省计划生育条例》历经多次修正，根据2016年2月19日《福建省人大常委会关于修改〈福建省人口与计划生育条例〉的决定》，现已全面实施两孩政策，该文件与上位法律法规相抵触，已经不再适用，应当予以清理。2019年，县政府法制办已按照该县人大常委会的相关建议开展清理修订工作。该事例成为2019年度"中国十大宪法事例"之一。

▌案例解读▐

备案审查工作报告制度是各级人大常委会定期听取和审议备案审查工作情况报告的制度，是维护法制统一、保护公民合法权益的重要手段。备案审查制度包含备案、审查和处理等方面。一方面，制定机关要按照要求将规范性文件报送本级或上一级人大常委会备案；另一方面，备案机关应当对报送备案的规范性文件进行审查，发现规范性文件存在与党中央的决策部署不相符，或者与上位法相抵触的，应当提出审查意见并有权撤销。党的十八大以来，党中央高度重视备案审查工作，不少地方的人大常委会已对本级政府或下级人大常委会制发的规范性文件进行审查，发现问题并予以纠正。本案中福建县级人大常委会审查该县政府关于因超生开除公职的规范性文件的行为具有典型意义。此举对于适应新形势，从法律制度层面上落实并推动国家政策的重大调整具有重要意义，体现了地方人大常委会的监督职权。

▌习近平法治思想指引▐

强化政治机关意识，加强人大自身建设。各级人大及其常委会要增强"四个意识"、坚定"四个自信"、做到"两个维护"，不断提高政治判断力、政治领悟力、政治执行力，全面加强自身建设，成为自觉坚持中国共产党领导的政治机关、保证人民当家作主的国家权力机关、全面担负宪法法律赋予的各项职责的工作机关、始终同人民群众保持密切联系的代表机关。要优化人大常委会、专门委员会组成人员结构,打造政治坚定、服务人民、尊崇法治、发扬民主、勤勉尽责的人大工作队伍。要加强纪律作风建设,既严格履行法定职责,遵守法定程序,又坚决防止形式主义、官僚主义,提高人大工作实效。

——2021年10月13日,习近平在中央人大工作会议上的讲话

16. 地方各级人大代表的选举、监督及罢免

||| 重点法条 |||

《宪法》第九十七条 省、直辖市、设区的市的人民代表大会代表由下一级的人民代表大会选举;县、不设区的市、市辖区、乡、民族乡、镇的人民代表大会代表由选民直接选举。

地方各级人民代表大会代表名额和代表产生办法由法律规定。

《宪法》第一百零二条 省、直辖市、设区的市的人民代表大会代表受原选举单位的监督;县、不设区的市、市辖区、乡、民族乡、镇的人民代表大会代表受选民的监督。

地方各级人民代表大会代表的选举单位和选民有权依照法律规定的程序罢免由他们选出的代表。

||| 条文解读 |||

人大代表的选举包括间接选举和直接选举。省、直辖市、设区的市的人大代表选举属于间接选举,具体办法是由下一级人大开会选举上一级人大代表。县、不设区的市、市辖区、乡、民族乡、镇的人大代表属于直接选举。

地方各级人大代表名额和代表产生的办法主要是由《全国人民代表大会和地方各级人民代表大会选举法》规定。各行政区域内的少数民族应当有适当的代表名额。各政党、各人民团体,可以联合或者单独推荐代表候选人。选民或者代表10人以上联名,也可以推荐代表候选人。

地方各级人大代表受选举单位或选民监督,即省、直辖市、设区的市的人大代表受原选举单位的监督;县、不设区的市、市辖区、乡、民族乡、镇的人大代表受选民的监督。地方各级人大代表受选举单位和选民罢免,即地

方各级人大代表的选举单位和选民有权依照法律规定的程序罢免由他们选出的代表。

典型案例

辽宁破坏选举案

在2013年的辽宁省全国人大代表选举中,该省当选的102名全国人大代表中有45人涉嫌拉票贿选,涉及523名省人大代表。2014年9月和2016年2月中央巡视组两次巡视辽宁,逐步查清这一事件。2016年9月13日,十二届全国人大常委会第二十三次会议,表决确定45名全国人大代表因拉票贿选当选无效。

衡阳破坏选举案

2012年12月28日至2013年1月3日,湖南省衡阳市第十四届人民代表大会第一次会议召开,共有527名市人大代表出席会议(应出席529人)。经湖南省纪委查明,在差额选举湖南省人大代表的过程中,共有56名当选的省人大代表存在送钱拉票行为,涉案金额人民币1.1亿余元,有518名衡阳市人大代表和68名大会工作人员收受钱物。

湖南省第十二届人大常委会第六次会议确认并公告56名补选产生的湖南省人大代表当选无效。5名失职的湖南省人大代表、512名受贿和3名失职的衡阳市人大代表均在12月28日当天完成了辞职程序。后对有关的69人一审判处有期徒刑、拘役或剥夺政治权利等刑罚。

案例解读

辽宁、衡阳破坏选举案均涉及范围广、人数多,其性质严重、影响恶劣。辽宁拉票贿选案是新中国成立以来查处的第一起发生在省级层面、严重违反党纪国法、严重违反政治纪律和政治规矩、严重违反组织纪律和换届纪律、严重破坏人大选举制度的重大案件,是对我国人民代表大会制度的挑战。一些代表候选人利用资本操纵选举,明目张胆拉票贿选;一些人大代表目无法纪,把收受代表候选人钱物视为潜规则;一些人大常委会领导干部和工作人员知法犯法,为代表候选人拉票穿针引线。领导干部应该知敬畏、明底线、守规矩，自觉遵守国家法律法规规定和党的组织纪律。

‖ 习近平法治思想指引 ‖

有权就有责，权责要对等。问责不能感情用事，不能有怜悯之心，要"较真"、"叫板"，发挥震慑效应。前年，我们对湖南衡阳发生的以贿赂手段破坏选举案件严肃问责，给予党纪政纪处分467人，移送司法机关处理69人。去年，我们又对南充拉票贿选案进行彻底调查，对全部477名涉案人员严肃处理。这两起案件性质极为恶劣，是对我们党和社会主义民主制度的挑战。坚决查处这些案件，实施严厉问责，体现了失职必究、执纪必严的鲜明态度。

——2016年1月12日，习近平在第十八届中央纪律检查委员会第六次全体会议上的讲话

选举人大代表，是人民代表大会制度的基础，是人民当家作主的重要体现。要把民主选举、民主协商、民主决策、民主管理、民主监督各个环节贯通起来，不断发展全过程人民民主，更好保证人民当家作主。

——2021年11月5日，习近平在北京市西城区中南海选区怀仁堂投票站参加区人大代表的选举投票时强调

17. 地方各级人民政府的性质、领导体制和任期

‖ 重点法条 ‖

《宪法》第一百零五条　地方各级人民政府是地方各级国家权力机关的执行机关，是地方各级国家行政机关。

地方各级人民政府实行省长、市长、县长、区长、乡长、镇长负责制。

《宪法》第一百零六条　地方各级人民政府每届任期同本级人民代表大会每届任期相同。

‖ 条文解读 ‖

地方各级人民政府不仅是地方各级国家权力机关的执行机关，对本级

人大及其委员会负责并报告工作，而且是地方各级国家行政机关，对上一级国家行政机关负责并报告工作，接受和服从国务院的统一领导。地方各级人民政府的领导体系为首长负责制，即地方各级人民政府实行省长、市长、县长、区长、乡长、镇长负责制。

我国地方政府的任期与地方各级人大任期相同，都为五年。

▌习近平法治思想指引▌

行政机关是实施法律法规的重要主体，要带头严格执法，维护公共利益、人民权益和社会秩序。执法者必须忠实于法律，既不能以权压法、以身试法，也不能法外开恩、徇情枉法。

法律需要人来执行，如果执法的人自己不守法，那法律再好也没用！我们要加强对执法活动的监督，坚决排除对执法活动的非法干预，坚决防止和克服地方保护主义和部门保护主义，坚决防止和克服执法工作中的利益驱动，坚决惩治腐败现象，做到有权必有责、用权受监督、违法必追究。

——2013年2月23日，习近平在十八届中共中央政治局第四次集体学习时的讲话

18. 地方各级人民政府的职权

▌重点法条▌

《宪法》第一百零七条　县级以上地方各级人民政府依照法律规定的权限，管理本行政区域内的经济、教育、科学、文化、卫生、体育事业、城乡建设事业和财政、民政、公安、民族事务、司法行政、计划生育等行政工作，发布决定和命令，任免、培训、考核和奖惩行政工作人员。

乡、民族乡、镇的人民政府执行本级人民代表大会的决议和上级国家行政机关的决定和命令，管理本行政区域内的行政工作。

省、直辖市的人民政府决定乡、民族乡、镇的建置和区域划分。

条文解读

县级以上地方各级人民政府主要具有以下职权：

（1）省、自治区、直辖市的人民政府可以根据法律、行政法规和本省、自治区、直辖市的地方性法规，制定规章，报国务院和本级人民代表大会常务委员会备案。设区的市的人民政府，可以根据法律、行政法规和本省、自治区的地方性法规，制定规章，报国务院和省、自治区人民代表大会常务委员会、人民政府以及本级人民代表大会常务委员会备案。

（2）执行本级人民代表大会及其常务委员会的决议，以及上级国家行政机关的决定和执行国民经济和社会发展计划、预算。

（3）规定行政措施，发布决定和命令，进行临时性的行政管理职能。

（4）领导所属各工作部门和下级人民政府的工作；管理本行政区域内的行政工作；依照法律的规定任免、培训、考核和奖惩国家行政机关工作人员。

（5）保护社会主义全民所有的财产和劳动群众集体所有的财产，保护公民私人所有的合法财产，维护社会秩序，保障公民的人身权利、民主权利和其他权利；保护各种经济组织的合法权益；保障少数民族的权利和尊重少数民族的风俗习惯；帮助本行政区域内各少数民族聚居的地方依照宪法和法律实行区域自治，帮助各少数民族发展政治、经济和文化建设事业；保障宪法和法律赋予妇女的男女平等、同工同酬与婚姻自由等各项权利。

（6）改变或撤销所属各工作部门的不适当的命令、指示和下级人民政府的不适当的决定、命令。

（7）办理上级国家行政机关交办的其他事项。

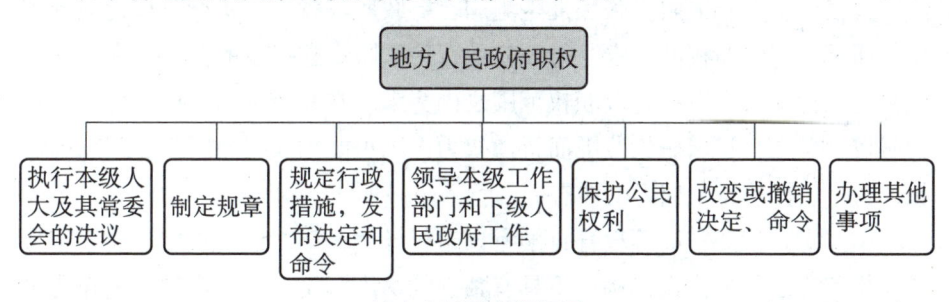

地方人民政府职权图

典型案例

蔡某系北京市高等教育自学考试法学专业考生，其在2002年10月举行的考试中，报名参加8门课程的考试。同年10月19日上午10时，蔡某在北京市西城区电子电器职高考点第31考场参加马克思主义哲学学理课程考试时，因接听手机被监考员当场指为作弊行为，蔡某随即离开考场，监考员未能收缴其准考证副证。监考员在蔡某的答题卡和考场记录单上均注明蔡某有用手机作弊的违纪行为，同时填写了违纪考生登记表。西城区电子电器职高考点办公室及西城区自考办签署了"同意按作弊处理"的意见。违纪考生登记表中需要由考生本人填写的"违纪情况及认识"一栏空白。之后，蔡某在其他考点又参加了其余7门课程的考试，监考员未再发现其有违纪行为。同年12月，北京市教育考试院根据西城区电子电器职高考点办公室及西城区自考办上报的情况，决定取消蔡某本次全部8门课程的考试成绩，对其所有试卷均未阅卷。同年12月中旬，在蔡某来领取考试成绩时，市教育考试院将上述决定口头通知了蔡某。蔡某不服，以超越行政职权为由，将北京市教育考试院起诉至法院。

案例解读

本案所涉及的核心问题是行政职权的合法配置与行政越权（超越职权）的判断。作为公权力之一的行政权，拥有极大的调控能力与管理力量。我国宪法将行政权主要授予行政机关。为了追求效率，行政机关的领导体制奉行首长负责制。权力高度集中、高效运行。如果行政权不能得到合法有效的制约，其很容易对外无限扩张和发生滥用。行政职权就是对于行政权力的规范化，通过对行政职权的划定，行政权的行使被限定在一定的范围之内。行政机关行使行政权力以在行政职权范围之内为限。在其范围内行使，便为合法的职权；反之，超出职权范围而行使权力，则可能构成行政越权，即超越职权，为违法行使行政权力的样态。

本案中，依照《高等教育自学考试暂行条例》第八条的规定，北京市自考办是市考试院的内设机构，不具有独立的法人资格，故本案被告是作为事业组织的市考试院。

而根据《高等教育自学考试暂行条例》第三十七条的规定，对有作弊行为的考生，北京市高等教育自学考试委员会有权决定取消其考试成绩。但同时当时的《教育法》第七十九条规定，在国家教育考试中作弊的，由教育行政部门宣布考试无效。根据上位法优于下位法的原则，《教育法》是法律，《高等教育自学考试暂行条例》是行政法规，法律高于行政法规的适用。本案中应该为教育行政部门宣布考试无效，而不是北京市考试院。因此，北京市教育考试院以自己的名义宣布取消蔡某2002年北京市高等教育自学考试成绩的做法属于超越行政职权的行为。

▌▌▌ 习近平法治思想指引 ▌▌▌

政府职能转变到哪一步，法治建设就要跟进到哪一步。要发挥法治对转变政府职能的引导和规范作用，既要重视通过制订新的法律法规来固定转变政府职能已经取得的成果，引导和推动转变政府职能的下一步工作，又要重视通过修改或废止不合适的现行法律法规为转变政府职能扫除障碍。

——2013年2月28日，习近平在十八届二中全会第二次全体会议上的讲话

依法治国是我国宪法确定的治理国家的基本方略，而能不能做到依法治国，关键在于党能不能坚持依法执政，各级政府能不能依法行政。我们要增强依法执政意识，坚持以法治的理念、法治的体制、法治的程序开展工作，改进党的领导方式和执政方式，推进依法执政制度化、规范化、程序化。执法是行政机关履行政府职能、管理经济社会事务的主要方式，各级政府必须依法全面履行职能，坚持法定职责必须为、法无授权不可为，健全依法决策机制，完善执法程序，严格执法责任，做到严格规范公正文明执法。

——《加快建设社会主义法治国家》，《求是》2015年第1期

19. 居民委员会和村民委员会是基层群众性自治组织

▌▌▌ 重点法条 ▌▌▌

《宪法》第一百一十一条　城市和农村按居民居住地区设立的居民委员会或者村民委员会是基层群众性自治组织。居民委员会、村民委员会的

主任、副主任和委员由居民选举。居民委员会、村民委员会同基层政权的相互关系由法律规定。

居民委员会、村民委员会设人民调解、治安保卫、公共卫生等委员会，办理本居住地区的公共事务和公益事业，调解民间纠纷，协助维护社会治安，并且向人民政府反映群众的意见、要求和提出建议。

条文解读

本条是对基层群众性自治组织的性质、组成、组织机构和职责的规定。

基层群众性自治组织是指基层群众自我管理、自我教育、自我服务、自我监督，实行民主选举、民主协商、民主决策、民主管理、民主监督的组织，包括居民委员会和村民委员会。基层群众性自治组织与基层人民政府之间不是领导与被领导的关系，而是指导与被指导、协助与被协助的关系。《城市居民委员会组织法》和《村民委员会组织法》分别对居民委员会、村民委员会同基层政权之间的关系作了规定。

居民委员会和村民委员会负责办理居住区的公共事务和公益事业。公共事务主要指与居民、村民公共服务和共同利益有关或涉及相互关系的事务。公益事业主要指与公共利益有关的事务。具体职责可见《城市居民委员会组织法》《村民委员会组织法》。

典型案例

湖北省潜江市人大代表姚立法在2002年新一轮村委会选举之前进行普查发现：该市第四届村委会自1999年9月28日换届选举以来，截至2002年5月1日，全市329名选举产生的村委会主任被乡镇党组织及个人违规宣布撤换（含免职、停职、降职、精简、改任他职等）的达187人，占总数的57%。选举产生的村委会副主任、委员被撤换的达432人。619名村委会主任、副主任和委员被非法撤换后，接替他们职务的人，没有一个是经村民依法选举出的，而全由镇党委、政府、党总支、村支书等组织或个人指定任命。涉及269个村，占全市329个村的约81.8%。当地编纂的《潜江统计年鉴》也验证了这一调查结果。

▓ 案例解读 ▓

乡镇党委、人民政府无权撤换、任命村委会主任。本案中乡镇党委、政府及个人撤换村委会干部的行为是违法的。村委会主任和其他村干部的任免必须由本村村民大会或村民代表大会投票决定。本案反映了当前在基层自治中普遍存在的一个问题：基层自治组织与基层人民政府之间的关系，这一关系的核心问题是基层自治组织的自治范围。根据《村民委员会组织法》第五条规定："乡、民族乡、镇的人民政府对村民委员会的工作给予指导、支持和帮助，但是不得干预依法属于村民自治范围内的事项。村民委员会协助乡、民族乡、镇的人民政府开展工作。"基层自治组织与基层人民政府之间需要明确的界限划定，不能任由基层人民政府将基层自治组织当作自己的派出机构或下属机构，随意侵占基层自治组织的自治领域。

▓ 习近平法治思想指引 ▓

要加强和创新基层社会治理，坚持和完善新时代"枫桥经验"，加强城乡社区建设，强化网格化管理和服务，完善社会矛盾纠纷多元预防调处化解综合机制，切实把矛盾化解在基层，维护好社会稳定。

——2020年9月17日，习近平在基层代表座谈会上的讲话

20. 自治区、自治州、自治县的人民代表大会和人民政府是民族自治地方的自治机关

▓ 重点法条 ▓

> 《宪法》第一百一十二条　民族自治地方的自治机关是自治区、自治州、自治县的人民代表大会和人民政府。
>
> 《宪法》第一百一十三条　自治区、自治州、自治县的人民代表大会中，除实行区域自治的民族的代表外，其他居住在本行政区域内的民族也应当有适当名额的代表。
>
> 自治区、自治州、自治县的人民代表大会常务委员会中应当有实行区

域自治的民族的公民担任主任或者副主任。

《宪法》第一百一十四条　自治区主席、自治州州长、自治县县长由实行区域自治的民族的公民担任。

条文解读

我国在少数民族聚居地区实行区域自治，设立民族自治地方。民族区域自治制度，作为我国的一项基本政治制度，体现了我国坚持实行各民族平等、团结和共同繁荣的原则。

民族自治地方分为自治区、自治州和自治县，不包括民族乡。其自治机关是自治区、自治州、自治县的人民代表大会和人民政府。民族自治地方的人民政府对本级人大和上一级国家行政机关负责并报告工作，在本级人大闭会期间，对本级人民代表大会常务委员会负责并报告工作。各民族自治地方的人民政府都是国务院统一领导下的国家行政机关，都服从国务院。

为更好地保障民族区域自治权，民族自治机关在组成上具有特殊性。首先，民族自治地方的人大由实行区域自治的民族以及居住在本区域内的其他民族公民按人口比例产生的代表组成；其次，民族自治地方的人民代表大会常务委员会中应当有实行区域自治的民族的公民担任主任或者副主任；再次，民族自治地方的人民政府的主席、州长、县长应当由实行区域自治的民族的公民担任；最后，民族自治地方的人民政府的其他组成人员以及自治机关所属工作部门的干部，要尽量配备实行区域自治的民族和其他少数民族人员。

习近平法治思想指引

必须坚持和完善民族区域自治制度……支持各民族发展经济、改善民生，实现共同发展、共同富裕。

——2021年8月27日至28日，习近平出席中央民族工作会议并发表重要讲话

21. 民族自治地方的自治权

▎重点法条 ▎

《宪法》第一百一十五条 自治区、自治州、自治县的自治机关行使宪法第三章第五节规定的地方国家机关的职权，同时依照宪法、民族区域自治法和其他法律规定的权限行使自治权，根据本地方实际情况贯彻执行国家的法律、政策。

▎条文解读 ▎

本条是对民族自治地方自治机关职权总体的规定。

自治权是指实行区域自治的少数民族依照宪法和法律通过自治机关而享有的管理本民族内部事务和地方性事务的权利。《宪法》第一百一十六条至第一百二十二条是对民族自治地方自治机关自治权的具体规定。民族自治地方的自治权主要包括：

（1）民族自治地方立法权。民族自治地方的人民代表大会有权依照当地民族的政治、经济和文化的特点，制定自治条例和单行条例。自治州、自治县的自治条例和单行条例，报省或者自治区的人民代表大会常务委员会批准后生效，并报全国人民代表大会常务委员会备案。

（2）变通执行权。上级国家机关的决议、决定、命令和指示，如有不适合民族自治地方实际情况的，自治机关可以报经该上级国家机关批准，变通执行或者停止执行。

（3）自主管理权。自治机关可以依照宪法、法律规定，自主安排和管理地方经济建设事业，自主管理地方财政、教育、科学、文化、卫生、环境与资源保护等各项事务。自治机关有权组织本地方的公安部队，但需满足三个条件：维护本地方的社会治安，符合国家的军事制度，经国务院批准。

（4）使用民族语言文字权。自治机关在执行职务的时候，依照民族自治地方自治条例的规定，使用当地通用的一种或者几种语言文字。同时使用几种通用的语言文字执行职务的，可以以实行区域自治的民族的语言文字为主。

（5）培养民族干部和专业技术人才。民族自治机关可采取各种措施培养当地的民族干部，以及各种专门技术人才，扶持民族自治地方发展民族传统事业和经济贸易，国家鼓励内地技术人员支援民族自治地方的建设。

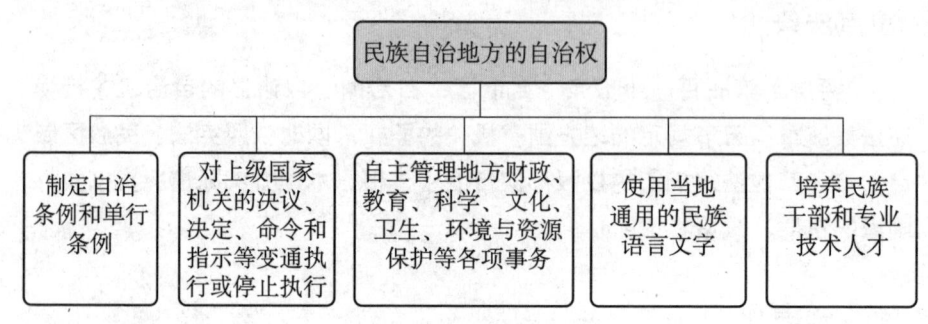

```
                    民族自治地方的自治权
    ┌───────┬──────────┬──────────┬─────────┬─────────┐
  制定自治   对上级国家   自主管理地方财政、  使用当地    培养民族
  条例和单行  机关的决议、  教育、科学、文化、  通用的民族   干部和专业
  条例      决定、命令和  卫生、环境与资源   语言文字    技术人才
           指示等变通执   保护等各项事务
           行或停止执行
```

民族自治地方的自治权图

▍典型案例 ▍

作为民族自治地方国土面积占全省总面积 70.2% 的少数民族聚集地——云南，拥有 8 个自治州、29 个自治县，25 个世居少数民族、15 个特有少数民族，少数民族人口占全省人口总数的 33.4%，是全国少数民族人口数超过千万的 3 个省区之一。

改革开放以来，云南认真贯彻党的民族政策和民族区域自治制度，采取切实有效的政策措施，加快推动少数民族和民族地区经济社会发展。不断出台一系列加强民族工作的具体政策和措施，在全国率先实施民族团结目标管理责任制，率先制定实施民族区域自治法的地方性法规，率先制定扶持人口较少数民族发展的特殊政策，率先实行"三免费"义务教育，率先提出并实现 25 个世居少数民族在省直部门都有一名厅级领导干部，大力推进兴边富民等一系列扶持发展工程，开创了民族团结进步事业新局面。

▍案例解读 ▍

民族区域自治制度在云南的成功实践，使各族群众获得感、幸福感不断增强，平等团结互助和谐的社会主义民族关系不断巩固，对外开放也取得了重大进展，全省保持了民族团结、边疆稳定、经济发展、社会进步，各族群众生活不断改善的良好局面，形成了民族团结、边疆稳定、社会和谐、跨越发展的"云南现象"和民族工作的"云南经验"。各级少数民族地区领导应不断巩固和发展平等团结互助和谐的社会主义民族关系，真正践行民族区域自治制度的精神内涵。

习近平法治思想指引

要推动各民族共同走向社会主义现代化。要完善差别化区域支持政策，支持民族地区全面深化改革开放，提升自我发展能力。民族地区要立足资源禀赋、发展条件、比较优势等实际，找准把握新发展阶段、贯彻新发展理念、融入新发展格局、实现高质量发展、促进共同富裕的切入点和发力点。要加大对民族地区基础设施建设、产业结构调整支持力度，优化经济社会发展和生态文明建设整体布局，不断增强各族群众获得感、幸福感、安全感。要支持民族地区实现巩固脱贫攻坚成果同乡村振兴有效衔接，促进农牧业高质高效、乡村宜居宜业、农牧民富裕富足。要完善沿边开发开放政策体系，深入推进固边兴边富民行动。

——2021年8月27日至28日，习近平出席中央民族工作会议并发表重要讲话

22. 监察委员会的性质、组成与任期

重点法条

《宪法》第一百二十三条　中华人民共和国各级监察委员会是国家的监察机关。

《宪法》第一百二十四条　中华人民共和国设立国家监察委员会和地方各级监察委员会。

监察委员会由下列人员组成：

主任，

副主任若干人，

委员若干人。

监察委员会主任每届任期同本级人民代表大会每届任期相同。国家监察委员会主任连续任职不得超过两届。

监察委员会的组织和职权由法律规定。

条文解读

监察委员会是我国为了防治腐败，依法对所有行使公权力的公职人员进行监察，调查职务违法和职务犯罪，开展廉政建设和反腐败工作，维护宪法和法律尊严的专责机关。根据监察体制改革的部署，各级监察委员会与党的纪律检查机关合署办公，履行监督、调查、处置的职责。

需要强调的是，监察机关行使的是调查权，不同于侦查权。主要不同点有：主体不同，《监察法》规定的执法主体是监察机关；对象不同，监督调查对象是行使公权力的公职人员，侦查权的对象则是普通的刑事犯罪嫌疑人；内容不同，调查的内容是职务违法和职务犯罪，侦查的内容则是一般刑事犯罪行为。同时在案件调查过程中，既要严格依法收集证据，也要用党章党规党纪、理想信念宗旨做被调查人的思想政治工作，靠组织的关怀感化被调查人，让被调查人从思想上真诚认错悔过。

我国设立国家监察委员会和地方各级监察委员会，目的是实现对国家所有行使公权力的公职人员监察全覆盖。在中央设立的国家监察委员会是我国的最高监察机关，领导全国的监察工作。在地方设立省、自治区、直辖市、自治州、县、自治县、市、市辖区监察委员会。但乡、民族乡、镇不设监察委员会，监察委员会只能在乡镇设派驻机构或者专员。

监察委员会由主任、副主任、委员组成。各级监察委员会主任由同级国家权力机关选举产生。但只有国家监察委员会主任连续任职不得超过两届。

典型案例

2017年3月17日，监察体制改革试点工作时期，浙江省杭州市上城区监察委员会依法对余某军作出立案调查决定，并对其采取留置措施。这也是全国首例监察留置案。

在无经验可循、无先例可依的情况下，该起职务犯罪案件，由新成立的上城区监察委员会立案调查。上城区监察委员会在省、市两级监察委员会的指导下，细化留置措施操作流程，根据相关程序要求，实施留置措施。在留置过程中，坚持党委统揽，相关部门联动推进，严格遵守程序要求，对讯问活动全程同步录音录像，保障被调查人的权利。最终在33日内对该案终结调查并顺利移送。

案例解读

本案作为监察体制改革试点工作时期所采取留置手段的首例案件，体现了监察委员会作为反腐败工作机构的定位，以及监察工作的特色。在《监察法》及其相关法规并未出台的前提下，上城区监察委员会坚持以法治思维推进改革、查办案件。在留置过程中细化操作方案，保障被调查人的人身安全、饮食、医疗等权利，对讯问活动均全程同步录音录像，为办理全国首例留置案留存了完整素材。在《监察法》及监察法规出台后，监察委员会更需要坚持恪守法定程序与限度，开展廉政建设和反腐败工作，维护宪法和法律尊严，保持公权力行使的廉洁性，为构建一体推进"三不腐"体制机制发挥了重要作用。

习近平法治思想指引

深化国家监察体制改革，将试点工作在全国推开，组建国家、省、市、县监察委员会，同党的纪律检查机关合署办公，实现对所有行使公权力的公职人员监察全覆盖。制定国家监察法，依法赋予监察委员会职责权限和调查手段，用留置取代"两规"措施。

——2017年10月18日，习近平在中国共产党第十九次全国代表大会上作的报告

23. 各级监察委员会之间的关系

重点法条

《宪法》第一百二十五条　中华人民共和国国家监察委员会是最高监察机关。

国家监察委员会领导地方各级监察委员会的工作，上级监察委员会领导下级监察委员会的工作。

条文解读

按照《监察法》的规定，国家监察委员会是我国的最高监察机关。国家监察委员会由主任、副主任若干人、委员若干人组成，主任由全国人大选举产生，副主任、委员由国家监察委员会主任提请全国人大常委会任免。监察委员会上下级之间是领导关系。

国家监察委员会在全国监察体系中处于最高地位，主要体现在：组成人员由全国人大选举或常委会任命，负责全国监察工作，领导地方各级监察委员会的工作，有权办理各级监察委员会管辖范围内的监察事项。

地方各级监察委员会除负责本行政区域内的监察工作，依法履行自身的监察职责外，还应对本行政区域内下级监察委员会的工作实行监督和业务领导。

典型案例

据《中国纪检监察报》报道，海南省纪委监委建立了线索管理和案件查办的分级处理机制。对涉及扶贫、环保、金融三个领域突出问题以及民生热点等方面的线索，上提一级由上级监察委员会直接办理，加强对重点案件的集中突破；对下级监察委员会查办难度大、阻力大的，由上级监察委员会统筹指导、下级监察委员会办理，上级监察委员会通过全程跟踪督办，确保问题查清楚、处理到位；对一般违纪违法问题，下级监察委员会根据有关规定予以办理，定期将线索处置、案件查办等情况报告上级监察委员会。仅2019年上半年，海南全省各级纪检监察机关报送线索处置、案件办理等各环节数据共计6 030条。

案例解读

中央纪委三次全会工作报告明确指出，强化上级纪委监委对下级纪委监委的领导和指导，需要重点围绕线索管理、审查调查、处分处置等环节，建立健全查办腐败案件以上级纪委监委领导为主的工作机制。《监察法》确立了监察机关的上下级领导关系，在这样的领导体制下，上级监察委员会除了可以督促下级监察委员会严格依法办事、公正履职外，还能在下级监察委员会遇到履职障碍和阻力时，及时提供支持和帮助，保障反腐败工作的顺利开展。

本案中，海南省监察委员会认真落实全会要求，建立线索管理和案件查办的分级处理机制，强化上级监察委员会对下级监察委员会的领导和指导，将监察制度优势切实转化为治理效能，从而推动全面从严治党走向纵深。

‖ 习近平法治思想指引 ‖

国家监察体制改革是事关全局的重大政治体制改革，是强化党和国家自我监督的重大决策部署。要按照党中央确定的时间表和路线图，完成国家和省、市、县监察委员会组建工作，建立党统一领导的反腐败工作机构，构建集中统一、权威高效的监察体系。要结合制定监察法，修改完善相关法律，形成巡视、派驻、监察三个全覆盖的权力监督格局，把制度优势转化为治理效能。

——2018年1月11日，习近平在中共十九届中央纪委二次全会上的讲话

24. 监察委员会的领导体制

‖ 重点法条 ‖

《宪法》第一百二十六条　国家监察委员会对全国人民代表大会和全国人民代表大会常务委员会负责。地方各级监察委员会对产生它的国家权力机关和上一级监察委员会负责。

‖ 条文解读 ‖

国家监察委员会由全国人大及其常委会产生，对其负责，受其监督。国家监察委员会主任由全国人大选举产生，副主任、委员由国家监察委员会主任提请全国人大常委会任免。

监察委员会实行双重领导体制。地方各级监察委员会由本级人大选举

产生。地方各级监察委员会由主任、副主任若干人、委员若干人组成，主任由本级人大选举产生，副主任、委员由监察委员会主任提请本级人大常委会任免。监察委员会同时接受同级人大及其常委会和上级监察机关的领导与监督。

监察委员会对同级人大及其常委会负责并接受其监督，主要表现为：首先，人大及其常委会对同级监察委员会的组成人员进行选举、任免。其次，人大有权罢免同级监察委员会主任。最后，根据《监察法》第五十三条的规定，人大对监察委员会的监督手段包括听取和审议本级监察委员会的专项工作报告，组织执法检查，依法就监察工作中的有关问题提出询问或者质询。

典型案例

2021年12月27日，无锡市第十六届人大常委会第四十四次会议听取了无锡市监委关于开展反腐败国际追逃追赃工作情况的报告。从该年5月25日省监委率先向省十三届人大常委会第二十三次会议报告专项工作以来，江苏省市级监委已全部向本级人大常委会报告专项工作。

2020年10月，江苏省纪委监委向中央纪委国家监委、省委报送《江苏省各级监委向本级人大常委会报告专项工作总体方案》，明确江苏报告专项工作的选题和提纲、时间和程序安排，经中央纪委国家监委、省委批复同意后组织实施。

按照要求，江苏省市两级监委在法定职责范围、群众广泛关注、有充分实践的基础上，科学合理地确定了报告题目和内容。其中，省监委以及无锡市、淮安市监委作关于反腐败国际追逃追赃工作情况的报告，南京、徐州、常州、南通、连云港、扬州、镇江、泰州、宿迁9市监委选题为整治群众反映强烈的问题工作情况，苏州、盐城市监委选题为开展廉政教育工作情况。

案例解读

监察委员会向本级人大常委会报告专项工作，是贯彻落实宪法和监察法的必然要求,是接受其监督的重要方式,有利于促进监察委员会依法接受人大监督程序化、制度化,确保监察机关依法严格履行职责、行使权力。

江苏各级监察委员会认真落实《关于规范地方各级监察委员会向本级人大常委会报告专项工作的指导意见》和省委部署要求,积极有效地开展专项工作报告,有利于促进自身依法有效履行监察职责,提升监察工作法治化规范化水平。

▍习近平法治思想指引 ▍

党的十八大以来,我多次谈到"谁来监督纪委"、防止"灯下黑",这就是监督者要接受监督的问题。这对行使监督权的机构和同志同样适用。纪检监察机关要马克思主义手电筒既照别人更照自己,不能只照他人、不照自己。在这里,我要再次提醒,纪检监察机关不是天然的保险箱,监察权是把双刃剑,也要关进制度的笼子,自觉接受党和人民监督,行使权力必须十分谨慎,严格依纪依法。

——2018年12月13日,习近平在十九届中共中央政治局第十一次集体学习时的讲话

25. 监察委员会独立行使监察权

▍重点法条 ▍

《宪法》第一百二十七条 监察委员会依照法律规定独立行使监察权,不受行政机关、社会团体和个人的干涉。

监察机关办理职务违法和职务犯罪案件,应当与审判机关、检察机关、执法部门互相配合,互相制约。

▍条文解读 ▍

我国监察委员会依据《宪法》《监察法》《监察法实施条例》等法律法规,独立行使监察权。需要注意的是,独立行使监察权并不意味着监察委员会可以不受任何约束和监督,人大及其常委会、上级监察机关和中国共产党可以

通过法定途径对监察委员会进行监督指导。在办理职务违法和职务犯罪案件中，监察机关与审判机关、检察机关、执法部门互相配合、互相制约，以此来实现公平正义并且提高办案效率。

根据《监察法》第十一条，监察委员会的职责包括：（1）对公职人员开展廉政教育，对其依法履职、秉公用权、廉洁从政从业以及道德操守情况进行监督检查。（2）对涉嫌贪污贿赂、滥用职权、玩忽职守、权力寻租、利益输送、徇私舞弊以及浪费国家财资等职务违法和职务犯罪进行调查。（3）对违法的公职人员依法作出政务处分决定；对履行职责不力、失职失责的领导人员进行问责；对涉嫌职务犯罪的，将调查结果移送人民检察院依法审查、提起公诉；向监察对象所在单位提出监察建议。

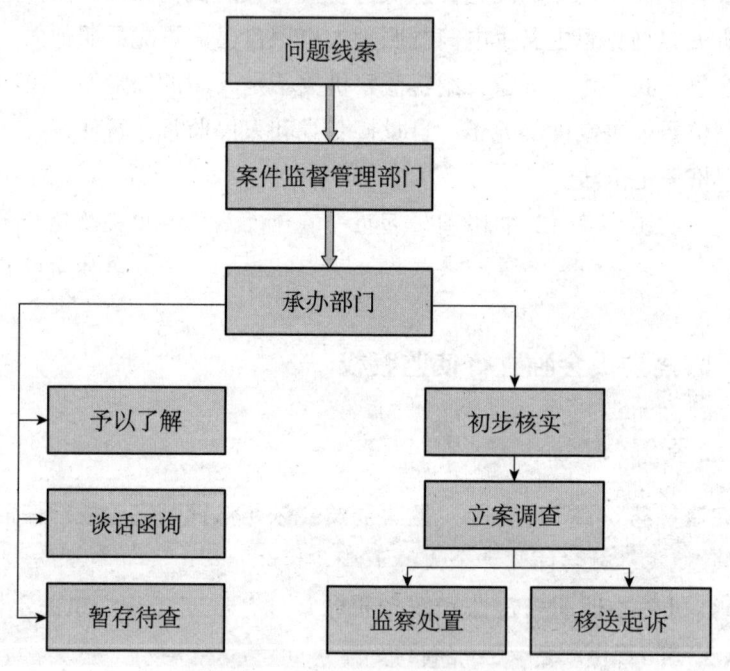

```
              ┌──────────┐
              │ 问题线索 │
              └────┬─────┘
                   ↓
           ┌──────────────┐
           │案件监督管理部门│
           └──────┬───────┘
                   ↓
              ┌──────────┐
       ┌──────│ 承办部门 │──────┐
       │      └──────────┘      │
       ↓                         ↓
   ┌────────┐              ┌────────┐
   │予以了解│              │初步核实│
   └────────┘              └───┬────┘
   ┌────────┐                  ↓
   │谈话函询│              ┌────────┐
   └────────┘              │立案调查│
   ┌────────┐              └───┬────┘
   │暂存待查│           ┌──────┴──────┐
   └────────┘           ↓              ↓
                   ┌────────┐    ┌────────┐
                   │监察处置│    │移送起诉│
                   └────────┘    └────────┘
```

监察委员会行使监察调查权流程图

‖ 习近平法治思想指引 ‖

要强化监督执纪，及时发现和查处党风党纪方面的问题，同时强化监察执法，及时发现和查处依法履职、秉公用权、廉洁从政从业以及道德操守等方面的问题,把权力运行的规矩立起来。

——2018年12月13日,习近平在十九届中共中央政治局第十一次集体学习时的讲话

26. 人民法院的性质

‖重点法条‖

《宪法》第一百二十八条　中华人民共和国人民法院是国家的审判机关。

‖条文解读‖

人民法院是我国的国家审判机关,是我国国家机构的重要组成部分。这意味着,首先人民法院是审判机关,而不是其他性质的国家机关。通常所称的司法机关,在我国实际包含人民法院、人民检察院、公安机关的刑事侦查部门和司法行政机关的刑罚执行部门。但只有人民法院才有司法审判权,其他任何机关都没有司法审判权。其次,各级人民法院都是国家的审判机关,而不是地方的审判机关。地方各级人民法院是国家设在地方的国家审判机关,而不是地方设立的审判机关。最后,人民法院的法定职责是审理刑事案件、民商事案件、行政案件和法律规定的其他案件,并依法作出裁判。此外,人民法院还负责生效裁判和特定刑罚的执行。

‖习近平法治思想指引‖

全面推进依法治国,必须坚持公正司法。公正司法是维护社会公平正义的最后一道防线。所谓公正司法,就是受到侵害的权利一定会得到保护和救济,违法犯罪活动一定要受到制裁和惩罚。如果人民群众通过司法程序不能保证自己的合法权利,那司法就没有公信力,人民群众也不会相信司法。法律本来应该具有定分止争的功能,司法审判本来应该具有终局性的作用,如果司法不公、人心不服,这些功能就难以实现。

——2013年2月23日,习近平在十八届中共中央政治局第四次集体学习时的讲话

27. 人民法院的设置、任期和组织体系

▍重点法条▍

《宪法》第一百二十九条　中华人民共和国设立最高人民法院、地方各级人民法院和军事法院等专门人民法院。

最高人民法院院长每届任期同全国人民代表大会每届任期相同，连续任职不得超过两届。

人民法院的组织由法律规定。

▍条文解读▍

最高人民法院是我国的最高审判机关，院长由全国人大选举产生，副院长、审判员、审判委员会委员由全国人大常委会任命。地方各级人民法院分为基层人民法院、中级人民法院、高级人民法院，分别由本级人大和人大常委会选举、任命的院长、副院长和审判人员等人员组成。其中，在省、自治区按地区设立的和在直辖市内设立的中级人民法院的组成人员，由省、自治区、直辖市的人大及其常委会选举或任命。专门人民法院包括军事法院、海事法院、知识产权法院、金融法院等。

最高人民法院院长的每届任期同全国人民代表大会每届任期相同，都为五年，连续任职不得超过两届。审判机关只有院长一人有任期限制，每届代表大会第一次会议换届选举时，只选举院长一人。副院长、审判员等法院组成人员，只有在有关人员缺额时由院长提请本级人大常委会任命，而不受届期的影响。

人民法院的组织由《人民法院组织法》规定。人民法院的组织体系包括最高人民法院、地方各级人民法院、专门人民法院、应司法改革而生的跨行政区划法院、互联网法院、知识产权法院、金融法院等。其中，最高法院可以设立巡回法庭，审理最高人民法院依法确定的案件。人民法院内部为监督关系，最高人民法院监督地方各级人民法院和专门人民法院的审判工作，上级人民法院监督下级人民法院的审判工作。

习近平法治思想指引

深化司法体制改革，一个重要目的是提高司法公信力，让司法真正发挥维护社会公平正义最后一道防线的作用。要从确保依法独立公正行使审判权检察权、健全司法权力运行机制、完善人权司法保障制度三个方面，着力解决影响司法公正、制约司法能力的深层次问题，破解体制性、机制性、保障性障碍。

——2014年1月7日，习近平在中央政法工作会议上的讲话

28. 人民法院独立行使审判权

重点法条

《宪法》第一百三十一条　人民法院依照法律规定独立行使审判权，不受行政机关、社会团体和个人的干涉。

条文解读

我国法院依据《宪法》《人民法院组织法》《刑事诉讼法》《民事诉讼法》《行政诉讼法》等法律规定，独立行使审判权。但独立行使审判权既不意味着法院独立，也不意味着司法独立，而是指审判人员在审判案件的时候，独立地以事实为根据，以法律为准绳，认定事实，适用法律，并独立作出判决，而不受行政机关、社会团体和个人的干涉。根据宪法和法律的相关规定，人大及其常委会、检察机关和中国共产党可以通过法定途径对人民法院的审判工作进行监督指导。检察院依法对审判工作的监督方式为提出上诉或抗诉。人大及其常委会对人民法院的监督方式为对其组成人员进行人事任免，听取工作报告，开展询问、质询。中国共产党对法院在政治上进行领导并选拔推荐优秀的法院领导干部。

除了人民法院独立行使审判权原则外，人民法院的审判工作原则还包括：平等适用法律原则、司法公正原则、司法民主原则、公开审判原则、司法责任制原则、使用本民族语言文字进行诉讼原则和当事人有权获得辩护原则。

▌▌ 习近平法治思想指引 ▌▌

司法责任制综合配套改革是司法体制改革的重要内容，事关司法公正高效权威。要抓好改革任务落地见效，真正"让审理者裁判、由裁判者负责"，提高司法公信力，努力让人民群众在每一个司法案件中感受到公平正义。

——2020年2月5日，习近平在中央全面依法治国委员会第三次会议上的讲话

29. 人民检察院的性质

▌▌ 重点法条 ▌▌

《宪法》第一百三十四条　中华人民共和国人民检察院是国家的法律监督机关。

▌▌ 条文解读 ▌▌

人民检察院是国家的法律监督机关，是我国国家机构的重要组成部分。这意味着，首先人民检察院是法律监督机关，即人民检察院是专门行使检察权的国家机关，其他国家机关无权行使检察权。其次，人民检察院是国家的法律监督机关，即人民检察院以国家的名义，通过行使检察权进行法律监督，以维护国家安全和社会秩序，保障法律的正确实施。最后，人民检察院通过行使检察权进行法律监督，区别于其他形式的监督。法律监督，是指人民检察院通过检察活动，依法对有关机关和人员的行为是否合法进行监督，包括对犯罪嫌疑人提起公诉，对司法机关进行司法监督，对其他国家机关进行一般法律监督等。

▌▌ 习近平法治思想指引 ▌▌

强化对司法活动的制约监督，促进司法公正。加强检察机关法律监督工作。完善公益诉讼制度。

——2022年10月16日，习近平在中国共产党第二十次全国代表大会上的报告

30. 人民检察院的设置、任期和组织体系

▋重点法条 ▋

《宪法》第一百三十五条　中华人民共和国设立最高人民检察院、地方各级人民检察院和军事检察院等专门人民检察院。

最高人民检察院检察长每届任期同全国人民代表大会每届任期相同，连续任职不得超过两届。

人民检察院的组织由法律规定。

▋条文解读 ▋

最高人民检察院是国家的最高检察机关，检察长由全国人大选举产生和罢免，副检察长、检察员、检察委员会委员由全国人大常委会任免。我国地方各级人民检察院包括省级检察院（省、自治区、直辖市人民检察院）、地级检察院（省、自治区、直辖市人民检察院分院，自治州和省辖市的人民检察院）、基层检察院（县、市、自治县和市辖区的人民检察院）。专门人民检察院主要包括军事检察院。

地方各级人民检察院的检察长由本级人大选举，副检察长、检察员和检察委员会委员的任免由本级人大常委会决定。下级人民检察院检察长的任免，须由上级人民检察院检察长报同级人大常委会批准任命。

人民检察院的组织由《人民检察院组织法》规定。人民检察院的组织体系包括最高人民检察院、地方各级人民检察院以及军事检察院等专门人民检察院。检察院内部为领导关系，最高人民检察院领导地方各级人民检察院和专门人民检察院的工作，上级人民检察院领导下级人民检察院的工作。

▋习近平法治思想指引 ▋

要加强政法队伍建设，营造风清气正、干事创业的良好生态。

——2016年1月22日，习近平在中央政法工作会议上就政法工作作出重要指示

要加强和改进对政法工作的领导，选好配强政法机关领导班子，不断提高政法队伍思想政治素质和履职能力，培育造就一支忠于党、忠于国家、忠于人民、忠于法律的政法队伍，确保刀把子牢牢掌握在党和人民手中。

——2015年1月20日，习近平在中央政法工作会议就政法工作作出重要指示

31. 人民检察院独立行使检察权

▎重点法条▎

《宪法》第一百三十六条　人民检察院依照法律规定独立行使检察权，不受行政机关、社会团体和个人的干涉。

▎条文解读▎

本条是对检察院独立行使检察权的规定。

我国检察院依据《宪法》《人民检察院组织法》《刑事诉讼法》《民事诉讼法》《行政诉讼法》等，独立行使检察权。但独立行使检察权，并不意味着检察院独立，而是指检察人员在办理案件的时候，独立地以事实为根据，以法律为准绳，按照自己的判断认定事实，适用法律，并独立作出判断，而不受行政机关、社会团体和个人的干涉。人大及其常委会、上级检察机关和中国共产党可以通过法定途径对人民检察院的办案工作进行监督指导。人大及其常委会对人民法院的监督方式为对其组成人员进行人事任免，听取工作报告，开展询问、质询。中国共产党对人民检察院在政治上进行领导并选拔推荐优秀的检察院领导干部。

除了依法独立行使检察权原则外，人民检察院的检察工作原则还包括：平等适用法律原则、司法公正原则、司法民主原则、检务公开原则、司法责任制原则和使用本民族语言文字进行诉讼原则。

▎习近平法治思想指引▎

司法改革是这次全面深化改革的重点之一。全会决定提出了一系列相

互关联的新举措,包括改革司法管理体制,推动省以下地方法院、检察院人财物统一管理,探索建立与行政区划适当分离的司法管辖制度;健全司法权力运行机制,完善主审法官、合议庭办案责任制,让审判者裁判、由裁判者负责;严格规范减刑、假释、保外就医程序;健全错案防止、纠正、责任追究机制,严格实行非法证据排除规则;建立涉法涉诉信访依法终结制度;废止劳动教养制度,完善对违法犯罪行为的惩治和矫正法律,等等。

这些改革举措,对确保司法机关依法独立行使审判权和检察权、健全权责明晰的司法权力运行机制、提高司法透明度和公信力、更好保障人权都具有重要意义。

2013年11月9日,习近平在十八届三中全会上就《中共中央关于
全面深化改革若干重大问题的决定》作的说明

32. 司法机关之间的分工与制约

▍重点法条 ▍

《宪法》第一百四十条 人民法院、人民检察院和公安机关办理刑事案件,应当分工负责,互相配合,互相制约,以保证准确有效地执行法律。

▍条文解读 ▍

本条是对法院、检察院、公安机关在刑事诉讼中相互关系的原则规定。

在我国的刑事司法活动中,人民法院、人民检察院和公安机关属于分工负责、互相配合、互相制约的关系。

分工负责主要表现在:除人民检察院依法自行侦查的案件及当事人自诉案件外,在办理刑事案件时,公安机关负责对案件的侦查、预审、执行逮捕、依法执行判决;人民检察院负责批准逮捕、审查起诉和出庭公诉、抗诉;人民法院负责审判。

互相配合主要表现在:公安机关依照法律规定完成自己的职责后及时

移交人民检察院，人民检察院完成自己的职责后依法及时向人民法院提起公诉，由人民法院对该案件进行审判。同时，一个机关在工作上需要另一机关协助时，该机关应依法在职权范围内协助。

互相制约主要表现在：三机关通过各自的工作发现另外机关工作中存在的问题，可提出建议要求其纠正；通过下一阶段的工作审查上一阶段工作是否存在问题，并做出相应的处理。例如，公安机关认为检察院决定不起诉有错误时，可以要求复议，也可以向上一级检察院申请复核。对法院审判的案件，检察院可依据情况依法向法院提出纠正意见或者抗诉。

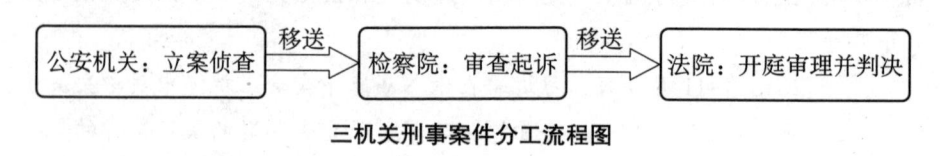

```
┌──────────────┐  移送  ┌──────────────┐  移送  ┌──────────────────┐
│公安机关：立案侦查│ ────→ │检察院：审查起诉│ ────→ │法院：开庭审理并判决│
└──────────────┘        └──────────────┘        └──────────────────┘
```

三机关刑事案件分工流程图

▌典型案例 ▌

1994年1月20日，佘某林的妻子张某玉失踪后，张某玉的亲属怀疑张被佘某林杀害。同年4月11日，雁门口镇吕冲村一水塘发现一具女尸，经张某玉亲属辨认死者与张某玉特征相符，公安机关对此立案侦查。1994年4月12日佘某林因涉嫌犯故意杀人罪被京山县公安局监视居住，同年4月22日被刑事拘留，4月28日经京山县检察院批准逮捕。1994年10月13日原荆州地区中级人民法院一审判处佘某林死刑，佘某林提出上诉。湖北省高级人民法院1995年1月6日作出裁定，以事实不清、证据不足发回重审。经过两次退回补充侦查后，1998年3月31日，京山县人民检察院将此案起诉至京山县人民法院。1998年6月15日京山县人民法院以故意杀人罪判处佘某林有期徒刑15年，附加剥夺政治权利5年。佘某林不服提出上诉，同年9月22日，荆门市中级人民法院裁定驳回上诉，维持原判。之后，佘某林被投入沙洋监狱服刑。2005年3月28日，佘妻张某玉突然从山东回到京山。4月13日，京山县人民法院经重新开庭审理，宣判佘某林无罪。2005年9月2日佘某林领取70余万元国家赔偿。

案例解读

本案因被害人"复活"才使佘某林冤情得以洗刷。该案的法院、检察院、公安机关并未严格遵照分工负责、互相配合、互相制约的原则进行刑事诉讼活动,过于互相配合,而轻视互相制约,致使发生了冤假错案。分工负责、互相配合和互相制约三者密切相关,分工负责是前提,互相配合是基础,互相制约是核心。尤其在实践中,三机关需要发挥互相制约的功能,以此来保证办案质量。只有在办理刑事案件中实行分工负责、互相配合、互相制约,才能发挥三机关的整体功能,既达到打击犯罪、预防犯罪和减少犯罪的目的,又防止主观片面和滥用权力,保证准确有效地适用法律,保护公民的基本权利。

习近平法治思想指引

要深化司法责任制综合配套改革,加强司法制约监督……健全社会公平正义法治保障制度,努力让人民群众在每一个司法案件中感受到公平正义。

——2020年11月16日,习近平在中央全面依法治国工作会议上的讲话

图书在版编目（CIP）数据

宪法重点条文理解与适用/温泽彬主编. -- 北京：中国人民大学出版社，2024.10. -- （领导干部应知应会党内法规和国家法律丛书/付子堂，林维总主编）.
ISBN 978-7-300-33105-8

Ⅰ．D921.04

中国国家版本馆 CIP 数据核字第 2024VK2601 号

领导干部应知应会党内法规和国家法律丛书
总主编　付子堂　林　维
宪法重点条文理解与适用
主编　温泽彬

Xianfa Zhongdian Tiaowen Lijie yu Shiyong

出版发行	中国人民大学出版社			
社　　址	北京中关村大街31号		邮政编码　100080	
电　　话	010-62511242（总编室）		010-62511770（质管部）	
	010-82501766（邮购部）		010-62514148（门市部）	
	010-62515195（发行公司）		010-62515275（盗版举报）	
网　　址	http://www.crup.com.cn			
经　　销	新华书店			
印　　刷	天津中印联印务有限公司			
开　　本	720 mm×1000 mm　1/16		版　次	2024年10月第1版
印　　张	11.75插页1		印　次	2024年10月第1次印刷
字　　数	181 000		定　价	48.00元

版权所有　　侵权必究　　印装差错　　负责调换